초급편

다락원
중국어회화

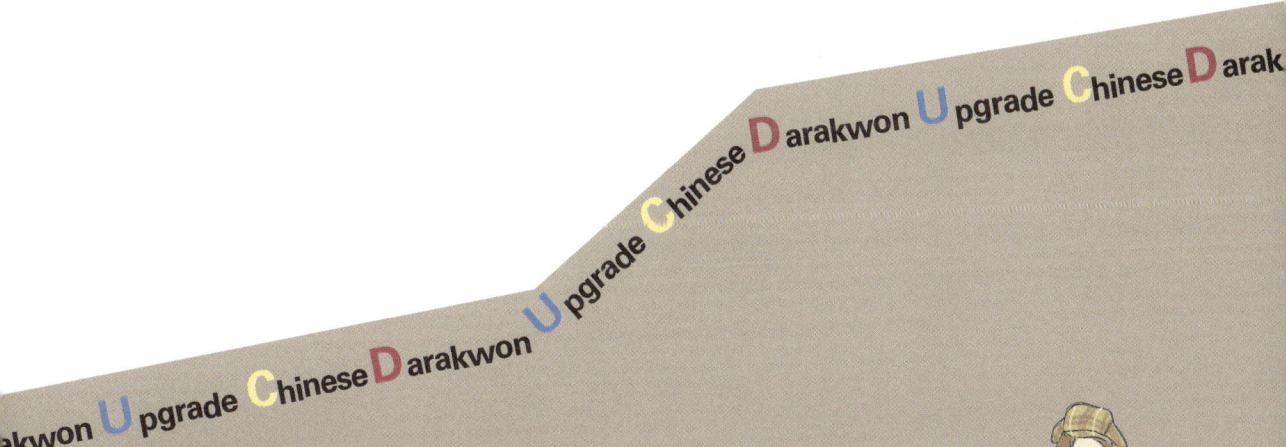

머리말

『다락원 중국어회화-Upgrade Chinese』시리즈는 중국 산둥대학교 웨이하이 분교의 교수진에 의해, 한국인들이 좀더 쉽고 효과적으로 중국어를 학습하도록 하는 것을 주 목적으로 하여 편찬된 교재이다.

현재 한국에는 중국어 학습에 대한 관심이 계속해서 고조되고 있으며, 향후로도 이 열풍은 더욱 거세질 전망이다. 하지만 대부분의 중국어 학습교재는 중국어를 학습하고자 하는 외국인을 대상으로 하여 쓰여졌을 뿐, 특별히 한국인을 대상으로 하여 쓰여진 교재는 많지 않은 상황이다. 또한 한국인을 위해 쓰여진 교재도 체계성과 과학성이 결여된 경우가 많았다.

이러한 와중에 본 편찬위원회는 〈한국인의 중국어 학습을 위한 연구〉라는 과제를 맡고, 그 첫 성과로 본 교재를 집필하게 되었다. 한국인을 위해 선분적으로 쓰여진 중국어 교재에 목말라하고 있던 터였기에 매우 다행스러운 일이 아닐 수 없다.

이 교재의 장점은 다음과 같다.

첫째는 교재의 정확성(针对性)을 들 수 있다. 지금까지 나왔던 많은 교재들은 혹은 한국의 교수진에 의해 집필되기도 했고 혹은 중국의 교재를 번역출판한 경우도 있었지만, 대부분 한국인이 중국어를 학습하면서 가려워하는 부분을 제대로 짚어서 속시원히 해결해 주지 못했었다. 이제 이런 교재를 한국 교재시장에 선보일 수 있게 된 데 무한한 기쁨을 느끼며, 많은 선생님들과 학습자들로부터 진심어린 환영을 받을 것이라 믿어 의심치 않는다.

이 교재의 두 번째 장점은 최신 교재라는 점(当代感)이다. 교재의 본문에 쓰인 모든 어휘와 문장 등은 현재 가장 보편적으로 많이 쓰이고 있는 것들에서 선택되었으며, 이는 학습자들이 더 빨리 더 쉽게 중국에서 현재 쓰이고 있는 표현과 어법을 학습할 수 있도록 도와줄 것이다.

세 번째 장점은 이 교재의 실용성에 있다. 이 교재의 집필에 참여하신 교수님들은 모두 장기간 한국 유학생들의 중국어 지도에 종사하신 분들로, 모두 한국 학생들이 중국어를 배우는 데 있어서의 유리한 점과 불리한 점을 너무나도 자세히 알고 있다.

　그랬기에 경험을 통해 알게된 이러한 점들을 집필에 적용시킴으로써, 학습자들이 적은 노력으로도 더 많은 효과를 거둘 수 있도록, 학습 효과를 단기간에 직접 몸으로 느낄 수 있도록 하기 위해 노력하였다.

　넷째로 이 책은 과학적으로 집필되었다. 처음 만나 인사를 나누는 데서 시작하여, 자신의 주변 환경을 묘사하고, 나아가 학습과 일, 여행 등 소재를 점점 확대시킴으로써, 표현법과 언어적 사고를 체계적으로 확대시켜 나갈 수 있도록 구성하였다. 이 과정에서 매 어법사항을 배울 때마다 그 자리에서 직접 연습문제를 통해 확인하도록 함으로써 바로바로 적용시키는 방법을 익히도록 했다는 점을 큰 특징으로 들 수 있다. 또한 풍부한 연습문제를 통해 수업시간에 직접 훈련을 하고 수업이 끝난 후 스스로 재차 확인토록 하여, 학습자들이 매일매일의 학습사항을 충분히 복습할 수 있도록 하였다.

　이 책이 한국에서 출판되어 나오기까지 많은 분들의 도움이 있었음을 밝히고 싶다. 고려대학교 장향실 교수께서는 바쁘신 와중에도 한국어 번역부분을 세밀하게 검토해 주셨으며, 서해초(徐海超)선생님과 곽화빙(郭化氷)선생님도 소재의 제공과 편찬에 참여하였다. 이 모든 분들께 충심으로 사의를 표하고 싶다. 또한 원고를 세심하게 검토하여 학습자들에게 내놓을 수 있도록 해준 다락원 중국어편집부와 한국의 많은 친구들에게도 감사드린다.

　대외중국어 교학에 다년간 몸담고 있는 교수진이 그 경험을 총괄하여 만들어낸 교재인 만큼, 한국의 중국어 입문자들에게 더없이 효과적이고 적합한 교재임을 확신하며 이 교재를 자신있게 추천하는 바이다. 아울러 여러 학습자들과 이 책을 사용하시는 국내외 전문가들, 동료들, 선생님들의 준엄한 질정을 기다린다.

2004년 7월
교재편찬위원회

이 책을 학습하기 전에...

1. 이 책의 구성

『다락원 중국어회화-Upgrade Chinese』시리즈는 중국어를 처음 배우는 한국인을 대상으로 편찬한 교재로, 〈입문편〉, 〈기초편〉, 〈초급편〉, 〈초급에서 중급으로〉의 4단계로 구성되었다. 한 권은 총 8과로 이루어지는데, 단 〈입문편〉의 경우에는 한어병음을 따로 학습하는 부분이 포함되어 본문은 총 6과로 이루어진다.

〈초급편〉 본문 각 과의 구성은 다음과 같다.

Step 1 : 기본회화 익히기
하나의 주제를 2-3개의 상황으로 나누어 표현을 배우도록 함으로써, 학습자들이 다양한 상황에서 의사소통을 할 수 있도록 유도하였다.

Step 2 : 어법 포인트 콕콕 찍어주기
회화에서 다루어지는 어법을 확인용 연습문제와 함께 학습함으로써 응용을 통해 쉽게 이해하고 기억할 수 있도록 하였다.

Step 3 : 주요표현&어휘 따라잡기
각 과의 핵심표현에 대한 부가설명과 함께 학습해야 할 추가표현을 정리하였다. 또한 이를 응용하기 위해 참고로 알아 두어야 할 어휘들을 삽화와 함께 제공하여 흥미있게 학습할 수 있도록 하였다.

Step 4 : 이렇게 저렇게 말해보기
핵심표현을 'Step 3'에서 배운 어휘를 이용하여 교체연습을 하도록 하는 코너로, 강의를 들은 후 학습자들이 혼자 반복해서 학습한 내용을 복습하여 익히도록 하였다.

Step 5 : 중국어 실력 쑥쑥 키우기
그 과에서 배운 어법과 주요표현 등을 연습문제를 통해 최종 복습하는 코너이다. 강의시간에 확인용으로 사용할 수도 있고, 책의 뒤에 정답이 제공되기 때문에 학습자들이 개인적으로 복습할 수도 있다. 끝에 '발음클리닉' 코너를 두어 绕口令을 통해 중국어발음을 훈련할 수 있도록 하였다.

쉬어가는 페이지 : 중국문화 읽기
학습자가 중국에 대한 기본적인 지식을 통해 좀더 흥미롭게 중국어를 학습하도록 기획된 코너로, 교재에서는 접하기 어려운 다양한 중국만의 문화나 사회 일면을 다채로운 사진과 함께 제공하고 있다.

이 책은 풍부한 삽화와 함께 전면 올컬러로 제작되어 학습자들이 싫증을 내지 않고 흥미롭게 중국어를 학습할 수 있도록 하였다. 또한 매 과의 끝에는 간체자 펜맨십을 포함시켜, 학습자들이 각 과에서 다루어지는 생소한 간체자를 쓰는 훈련을 할 수 있도록 하였다.

2. 표기규칙

이 책에 나오는 중국의 지명이나 건물, 기관, 관광명소의 명칭 등은 중국어발음을 한국어로 표기하는 것을 원칙으로 하였다. 단, 우리에게 한자발음으로 잘 알려진 것에 한하여 한자발음으로 표기하였다.

예 北京 → 베이징   颐和园 → 이화원

인명의 경우, 각 나라에서 실제로 읽히는 발음을 기준으로 하여 한국어로 그 발음을 표기하였다.

예 尹惠林 → 윤혜림   王明 → 왕밍   大卫 → 데이빗

3. 품사 약어표

품사명	약어	품사명	약어	품사명	약어
명사	명	고유명사	고유	형용사	형
동사	동	어기조사		감탄사	감
수사	수	동태조사	조	접속사	접
부사	부	구조조사		접두사	접두
개사	개	대사, 의문대사	대	접미사	접미
양사	양	수량사	수량	조동사	조동

차 례

■ 머리말
■ 이 책을 학습하기 전에

제1과 **你想喝红茶还是绿茶？** 9
홍차를 드시겠습니까, 아니면 녹차를 드시겠습니까?
1〉 식당에서 사용하는 표현
2〉 还是……吧
3〉 好+동사

제2과 **刚下了一场大雪，挺冷的。** 21
방금 눈이 많이 와서 매우 춥습니다.
1〉 날씨를 나타내는 표현
2〉 조동사 '会'
3〉 동태조사 '了'

제3과 **听说王明住院了。** 35
왕밍이 입원했다고 합니다.
1〉 병원 진료와 관련 있는 표현
2〉 여러 가지 증상을 나타내는 표현
3〉 정도보어

제4과 **我正在学习汉语。** 47
나는 중국어를 배우고 있습니다.
1〉 동작의 진행
2〉 접속사 '但是'
3〉 '……什么的'로 열거를 표시하는 방법

제5과 **实在抱歉，词典弄丢了。** 61
정말 미안한데, 사전을 잃어버렸습니다.
1〉 결과보어를 이용한 표현
2〉 인과복문 '因为……，所以……'

제6과 **咱们快进去吧。** 75
우리 빨리 들어갑시다.
1〉 겸어문(兼语句)
2〉 부사 '才'
3〉 단순방향보어

제7과 **你都有些什么爱好？** 89
당신은 어떤 취미들을 갖고 있습니까?
1〉 취미에 대해 표현하기
2〉 除了……以外
3〉 의문의 어조에 의해 이루어지는 의문문
4〉 一……就

제8과 **你去过北京吗？** 103
당신은 베이징에 가본 적이 있습니까?
1〉 과거의 경험을 표현하는 방법
2〉 동태조사 '过'
3〉 동량보어

■ 부록 117
· 본문해석
· 연습문제 정답
· 색인 - 본문어휘 색인 / 보충어휘 색인

1

你想喝红茶还是绿茶？

홍차를 드시겠습니까, 아니면 녹차를 드시겠습니까?

이 과의 학습포인트

1. 식당에서 사용하는 표현
2. 还是……吧
3. 好+동사

Key Expressions — Track 01

你想喝红茶还是绿茶？　홍차를 드시겠습니까, 아니면 녹차를 드시겠습니까?
味道不错，就是油太多。　맛은 좋은데, 기름기가 너무 많습니다.
听说这儿的饺子很好吃。　여기의 만두는 매우 맛있다고 합니다.

 **Step 1 : 기본회화 익히기** Track 02~07

[회화1]   王　明：你想喝红茶还是绿茶？
　　　　　　　Nǐ xiǎng hē hóngchá háishi lǜchá?

　　　　尹惠林：还是喝绿茶吧。
　　　　　　　Háishi hē lǜchá ba.

　　　　王　明：那我们喝龙井。
　　　　　　　Nà wǒmen hē lóngjǐng.

　　　　尹惠林：行，就来一壶龙井。
　　　　　　　Xíng, jiù lái yì hú lóngjǐng.

　　　　王　明：嗯，好喝！
　　　　　　　Ňg, hǎo hē!

[단어]   想　xiǎng　조동　~하고 싶다
　　　　红茶　hóngchá　명　홍차
　　　　绿茶　lǜchá　명　녹차
　　　　龙井　lóngjǐng　명　룽징차
　　　　壶　hú　양　주전자, 단지(주전자 단위로 나오는 음료를 세는 양사)
　　　　嗯　ňg　감　음, 응

[회화2] 张 兰：你觉得中国菜怎么样？
　　　　　　Nǐ juéde Zhōngguó cài zěnmeyàng?

　　　　金在旭：味道不错，就是油太多。
　　　　　　Wèidao búcuò, jiùshì yóu tài duō.

　　　　张 兰：你喜欢吃韩国菜还是中国菜？
　　　　　　Nǐ xǐhuan chī Hánguó cài háishi Zhōngguó cài?

　　　　金在旭：我还是喜欢吃韩国菜，我喜欢吃辣的。
　　　　　　Wǒ háishi xǐhuan chī Hánguó cài, wǒ xǐhuan chī là de.

　　　　张 兰：韩国菜太辣，我不太习惯。
　　　　　　Hánguó cài tài là, wǒ bú tài xíguàn.

[단어] 觉得　juéde　동　~라고 여기다, ~라고 느끼다
　　　菜　cài　명　요리
　　　味道　wèidao　명　맛
　　　就是　jiùshì　부　단지 ~일 뿐이다
　　　油　yóu　명　기름
　　　习惯　xíguàn　동　익숙하다, 습관이 되다

TIGAO SHUIPING

■ 味道不错，就是油太多。

'就是'는 접속사로 경미한 전환을 나타내는데, 중점적인 뜻은 앞절에 있으며, 뒷절은 앞절을 보충 설명한다. '就是' 뒤에는 일반적으로 불쾌하거나 불만족해 하는 태도가 동반된다.

[회화3] 马丽丽: 我们吃中餐还是西餐？
Wǒmen chī zhōngcān háishi xīcān?

金在旭: 中餐吧。听说这儿的饺子很好吃。
Zhōngcān ba. Tīngshuō zhèr de jiǎozi hěn hǎochī.

马丽丽: 那就来半斤饺子。
Nà jiù lái bàn jīn jiǎozi.

金在旭: 怎么样？
Zěnmeyàng?

马丽丽: 的确不错。
Díquè búcuò.

* * * * * * * * * *

金在旭: 服务员，买单。
Fúwùyuán, mǎidān.

服务员: 一共三十五元。这是五十，找你十五。欢迎再来!
Yígòng sānshíwǔ yuán. Zhè shì wǔshí, zhǎo nǐ shíwǔ. Huānyíng zài lái!

[단어]
中餐 zhōngcān 몡 중국요리(중식)
西餐 xīcān 몡 서양요리(양식)
听说 tīngshuō 듣자하니 ~라고 한다
饺子 jiǎozi 몡 만두
的确 díquè 튀 확실히
服务员 fúwùyuán 몡 종업원, 판매원
买单 mǎidān 동 계산하다
欢迎 huānyíng 동 환영하다

Step 2 : 어법 포인트 콕콕 찍어주기

1 还是……吧

부사 '还是'는 '그래도 ~하는 편이 더 낫다'라는 뜻으로, 비교·사고를 통해 얻은 결론을 나타낸다. 뒤에는 일반적으로 동사 또는 단문이 오며, 문미는 '好' 혹은 '吧'로 끝난다.

① A : 我们工作吧。
   B : 我们还是休息休息吧。

② A : 学汉语好还是学英语好？
   B : 你还是学汉语好。

③ A : 我们现在去还是明天去？
   B : 还是明天去吧。

④ A : 你先走吧。
   B : 我们还是一起走吧。

xunlian 그림을 보고 '还是……吧(好)'를 이용하여 대화를 완성하시오.

(1)

A : 我去还是他去？
B : _____。

(2)

A : 买裙子好还是买裤子好？
B : _____。

(3)

A : 吃面条还是吃汉堡包？
B : _____。

(4)

A : 我们去长城还是去故宫？
B : _____。

2 好+동사

'好'는 '看, 听, 闻, 吃' 등의 동사와 결합하여 모양, 소리, 냄새, 맛 등이 만족할 만큼 좋음을 나타낸다. 또한 '买, 走, 学' 등의 동사와 함께 쓰여 동작을 하기가 쉬움을 나타내기도 한다. 이와 상반되는 의미를 나타내고자 할 때에는 '难+동사'나 '不好+동사'의 형식을 사용한다.

좋음	나쁨	행동이 쉬움	어려움
好听	难听 / 不好听	好写	难写 / 不好写
好看	难看 / 不好看	好买	难买 / 不好买
好吃	难吃 / 不好吃	好走	难走 / 不好走
好喝	难喝 / 不好喝	好学	难学 / 不好学
好玩儿	不好玩儿	好做	难做 / 不好做

※ '玩儿'은 '难玩儿'의 형태로 쓰이지 않음.

> **xunlian** 알맞은 것끼리 연결하여 완전한 문장을 만들고, 큰소리로 읽어 보시오.
>
> (1) 今天的作业 • • ⓐ 挺好看。
> (2) 这个菜 • • ⓑ 真难做。
> (3) 这首歌儿 • • ⓒ 太难听了！
> (4) 这条路 • • ⓓ 很不好走。
> (5) 这儿风景 • • ⓔ 很好吃。

➕ 汉堡包 hànbǎobāo 햄버거 / 首 shǒu 수(노래, 시 등을 세는 양사) / 歌儿 gēr 노래 / 风景 fēngjǐng 풍경

 **Step 3 :** 이렇게 저렇게 말해보기 Track 08

1

A 你 吃/喝 中餐/绿茶/牛奶 还是 西餐？/红茶？/咖啡？

B 还是 吃/喝 中餐/绿茶/咖啡 吧。

A 行，就来 半斤饺子。/一壶龙井。/两杯咖啡。

2

A 你觉得 中国菜/泡菜/橘子 怎么样？

B 味道不错，就是 油太多。/太辣。/太贵。

3

A 听说 中国菜/花茶/这本书 很 好吃。/好喝。/不好看。

B 的确这样。

➕ 咖啡 kāfēi 커피 / 杯 bēi 잔(컵으로 따르는 음료를 세는 양사) / 泡菜 pàocài 김치 / 花茶 huāchá 화차

홍차를 드시겠습니까, 아니면 녹차를 드시겠습니까? | 15

 **Step 4 :** 중국어 실력 쑥쑥 키우기 Track 09

1 녹음을 듣고, 각 녹음 내용과 일치하는 그림을 찾으시오.

(1) _____ (2) _____ (3) _____ (4) _____

ⓐ    ⓑ

ⓒ    ⓓ

2 '就是'를 이용하여 다음 대화를 완성하시오.

(1) A : 你觉得汉语怎么样？

    B : 汉语很有意思，_____。

제시어 >> zh, ch, sh, r 的发音

(2) A : 你觉得这辆自行车怎么样？

    B : 这辆车很好，_____。

제시어 >> 贵

(3) A : 你觉得中国菜怎么样？

    B : 中国菜很好吃，_____。

제시어 >> 油腻

➕ 油腻 yóunì 느끼하다, 기름기가 많다 / 东京 Dōngjīng 도쿄

3 다음 그림을 보고 '还是', '还是……吧', '还是……好' 등을 이용하여 옆사람과 자유롭게 대화를 나누시오.

> [보기] A : 我们吃韩国菜还是中国菜？
> B : 韩国菜有点儿辣，我不太习惯。还是吃中国菜吧。
> A : 行。服务员，我们来点菜！

(1) 夏天、冬天、去
(2) 吃、日本菜、韩国菜
(3) 买、皮鞋、运动鞋
(4) 买、裙子、牛仔裤
(5) 去、东京、北京
(6) 学、日语、英语
(7) 喝、可乐、咖啡、果汁
(8) 学习、休息

발음클리닉

Guāpéng guà guā, guā guà guāpéng.
Fēng guā guā, guā pèng péng, fēng guā péng, péng pèng guā.

중국문화 읽기

중국의 경극(京剧)에 대하여

우리에게 영화 '패왕별희(霸王別姬)'로 잘 알려진 경극은 약 200여 년의 역사를 가지고 있으며, 중국에서 가장 널리 유행하고 영향력 또한 큰 연극이다.

경극은 노래, 대사, 행동, 무술 등이 결합된 종합예술이다. 오랜 발전과정을 거치면서 경극에는 일련의 허구화된 표현동작이 고정화되었는데, 예를 들어 장대 하나는 배 한 척을 의미하며, 말채찍 하나는 말 한 필을 대표한다.

■ **경극의 배역**

생(生) : 남성인물을 연기하는 배역.
→ 노생(老生·중년 혹은 노년의 남성배역), 소생(小生·젊은 남성배역), 무생(武生·무예에 능한 청장년 남성배역) 등이 있다.

단(旦) : 여성인물을 연기하는 배역.
→ 청의(青衣·장중한 느낌의 중장년 여인배역. 항상 푸른 옷을 입으며, 연기는 노래에 중점을 둠), 화단(花旦·활발한 젊은 여성배역. 행동과 대사에 중점을 둠), 무단(武旦·무예에 능한 여성배역), 노단(老旦·노년의 여성배역) 등이 있다.

정(净) : 성격이 호방한 남성을 연기하는 배역. 화장의 방식과 모습에 따라 신분과 성격이 구별된다. 얼굴에 여러 가지 무늬를 그린 화장을 하여 '화검(花脸)'이라고도 불린다.

축(丑) : 유머와 기지가 있거나 교활한 남성인물을 연기하는 배역.

▲ 용맹스런 여성배역인 무단. 연기는 무술에 중점을 둔다.

▲ 성격이 호탕한 남성을 연기하는 '정(화검)'이 얼굴에 갖가지 무늬를 그려넣고 있다.

▲ '노생'은 수염으로 중노년의 남성임을 나타낸다.

▲ 익살꾼이나 어릿광대를 연기하는 '문축(文丑)'은, 분장할 때 눈과 코 주위에 하얀 천으로 점을 만들어 붙인다.

绿 綠·lǜ	乡 乡 纟 纟 纡 纡 绿 绿 绿
	绿 绿 绿

龙 龍·lóng	一 ナ 九 龙 龙
	龙 龙 龙

觉 覺·jué	丶 丶 丷 丷 ⺌ ⺍ 学 学 觉
	觉 觉 觉

道 道·dào	丷 丷 ᠈ 首 首 道
	道 道 道

习 習·xí	丁 刁 习
	习 习 习

惯 慣·guàn	丶 丶 忄 忄 忄 忄 惯 惯 惯
	惯 惯 惯

2

刚下了一场大雪，挺冷的。

방금 눈이 많이 와서 매우 춥습니다.

이 과의 학습포인트
1. 날씨를 나타내는 표현
2. 조동사 '会'
3. 동태조사 '了'

Key Expressions Track 10

明天天气怎么样？	내일 날씨는 어떻습니까?
今天会下雨吗？	오늘 비가 올까요?
刚下了一场大雪，挺冷的。	방금 눈이 많이 와서 매우 춥습니다.

 **Step 1 :** 기본회화 익히기 Track 11~16

[회화1]

妈　妈：你看天气预报了吗？
　　　　Nǐ kàn tiānqì yùbào le ma?

金在旭：看了。
　　　　Kàn le.

妈　妈：明天天气怎么样？会下雨吗？
　　　　Míngtiān tiānqì zěnmeyàng? Huì xià yǔ ma?

金在旭：天气预报说有大雨。
　　　　Tiānqì yùbào shuō yǒu dà yǔ.

妈　妈：明天出门时别忘了带雨伞。
　　　　Míngtiān chū mén shí bié wàng le dài yǔsǎn.

[단어]

天气 tiānqì 몡 일기, 날씨	天气预报 tiānqì yùbào 몡 일기예보
会 huì 조동 ~할 가능성이 있다, ~할 수 있다	下 xià 통 (눈, 비 등이) 오다
雨 yǔ 몡 비	出 chū 통 외출하다, 나가다
门 mén 몡 문	时 shí 몡 때, 시간
别 bié 부 ~하지 마라	忘 wàng 통 잊다
带 dài 통 가지다, 지니다	雨伞 yǔsǎn 몡 우산

　　　　　　　　　　　　　　　　　　TIGAO SHUIPING

■ 明天出门时别忘了带雨伞。

'……时'는 시간을 나타낼 때 쓰는 구조인데, '……的时候'를 쓰기도 한다. 이는 동작이 어느 때 발생했는지를 나타내며, 그 앞에 동사, 동사구 혹은 단문이 올 수 있다.

① 我学习时，不喜欢听音乐。
② 我学习的时候，不喜欢听音乐。

[회화2]　(妈妈给王明打电话)

妈 妈：小明，最近北京冷不冷？
　　　　Xiǎo Míng, zuìjìn Běijīng lěng bu lěng?

王 明：刚下了一场大雪，挺冷的。
　　　　Gāng xià le yì chǎng dà xuě, tǐng lěng de.

妈 妈：气温是多少度？
　　　　Qìwēn shì duōshao dù?

王 明：零下十度左右。
　　　　Língxià shí dù zuǒyòu.

妈 妈：出门时多穿点儿衣服，别感冒了。
　　　　Chū mén shí duō chuān diǎnr yīfu, bié gǎnmào le.

王 明：妈妈，您放心吧。
　　　　Māma, nín fàngxīn ba.

[단어]　北京　Běijīng　고유 베이징　　　　冷　lěng　형 춥다
　　　　刚　gāng　부 금방　　　　　　　　场　chǎng　양 바탕, 차례
　　　　雪　xuě　명 눈　　　　　　　　　　气温　qìwēn　명 기온
　　　　度　dù　양 도　　　　　　　　　　零下　língxià　명 영하, 0℃ 이하
　　　　左右　zuǒyòu　명 정도, 쯤　　　　衣服　yīfu　명 옷, 의복
　　　　感冒　gǎnmào　명동 감기(에 걸리다)　放心　fàngxīn　동 마음을 놓다

[회화3]

北京的冬天比较冷，经常下雪。春天很暖和，常
Běijīng de dōngtiān bǐjiào lěng, jīngcháng xià xuě. Chūntiān hěn nuǎnhuo, cháng

下雨，风也很大。夏天很热，气温在三十度以上。秋
xià yǔ, fēng yě hěn dà. Xiàtiān hěn rè, qìwēn zài sānshí dù yǐshàng. Qiū

天很凉快，是最好的季节。
tiān hěn liángkuai, shì zuì hǎo de jìjié.

不过我喜欢冬天和夏天，冬天可以滑冰，夏天可
Búguò wǒ xǐhuan dōngtiān hé xiàtiān, dōngtiān kěyǐ huábīng, xiàtiān kě

以游泳。
yǐ yóuyǒng.

[단어]
冬天	dōngtiān	명 겨울		比较	bǐjiào	부 비교적
春天	chūntiān	명 봄		暖和	nuǎnhuo	형 따뜻하다
常	cháng	부 늘, 자주		风	fēng	명 바람
夏天	xiàtiān	명 여름		热	rè	형 덥다
以上	yǐshàng	명 ~이상		秋天	qiūtiān	명 가을
凉快	liángkuai	형 시원하다		季节	jìjié	명 계절
不过	búguò	접 그러나		滑冰	huábīng	동 스케이트를 타다
游泳	yóuyǒng	동 수영하다				

TIGAO SHUIPING

■ 不过我喜欢冬天和夏天，……

'不过'는 접속사로, 뒷문장의 앞에 놓여 경미한 전환을 나타낸다.

① A：外面冷吗？ ② A：你喜欢吃烤鸭吗？
　B：下雪了，不过不冷。　　B：烤鸭很有名，不过我不喜欢吃。

Step 2 : 어법 포인트 콕콕 찍어주기

1 조동사 '会'

⑴ 조동사 '会'는 동사 앞에 쓰여 미래에 대한 추측과 가능성을 나타낸다. 부정은 '不会'로 하며, 어떤 질문에 대해 대답하는 경우, 단독으로 쓰일 수도 있다.

  ① A：今天会下雪吗？　　　　② 已经九点了，他不会来了。
　　B：不会。

⑵ 조동사 '会'는 또한 어떤 기술이나 능력을 갖고 있음을 나타낸다. 주로 배워서 학습한 능력에 대해 쓰인다. 역시 '不会'로 부정한다.

  ① A：你会说汉语吗？　　　　② A：她会做中国菜吗？
　　B：会一点儿。　　　　　　　　B：不会。

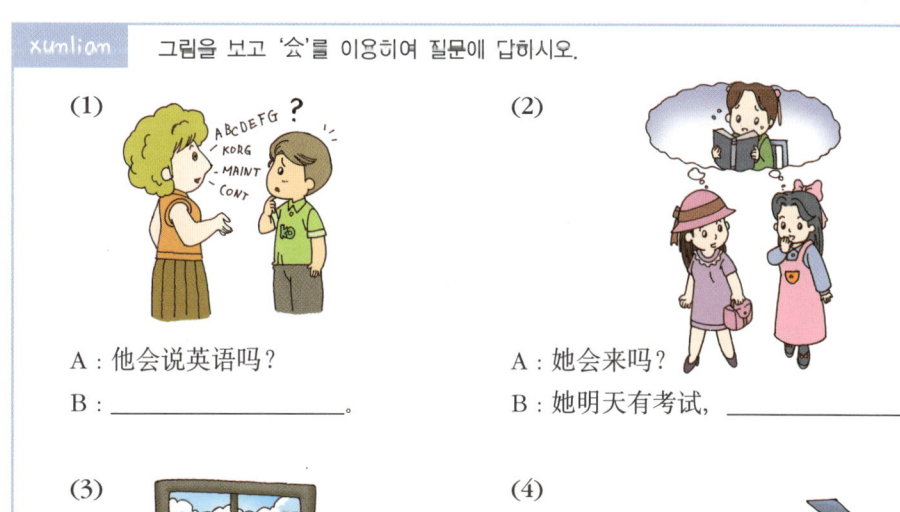

xunlian 그림을 보고 '会'를 이용하여 질문에 답하시오.

(1) A：他会说英语吗？
    B：_____。

(2) A：她会来吗？
    B：她明天有考试，_____。

(3) A：_____。
    B：天气预报说今天有大雨。

(4) A：丽丽会不会游泳？
    B：_____，她能游800米。

방금 눈이 많이 와서 매우 춥습니다. | 25

2 동태조사 '了'

동사 뒤에 놓여 동작의 진행 단계를 나타내는 성분을 동태조사라 한다. 동태조사 '了'는 동사 뒤에서 동작이 완성되었음을 나타낸다. 부정형식은 동사 앞에 '没(有)'를 넣고, 동사 뒤의 '了'를 없앤다. 목적어가 올 때, 목적어는 동사와 '了' 사이에 놓일 수도 있고 '了' 뒤에 놓일 수도 있다. 단, 목적어가 '了' 뒤에 놓일 때, 목적어는 늘 수량사나 기타 한정어를 수반한다.

① A : 你喝了几瓶酒？
　 B : 我喝了一瓶酒。

② A : 他走了几天？
　 B : 他走了一个星期。

③ A : 你买什么了？
　 B : 我买了一斤苹果。

④ A : 你看了他写的那本书了吗？
　 B : 没看。

---

xunlian　제시어와 동태조사 '了'를 이용하여 다음 문장을 완성하시오.

(1) 제시어 >> 下 / 场 / 大雨
　　今天_____, 你多穿点儿衣服。

(2) 제시어 >> 点 / 个 / 菜
　　他们两个人_____。

(3) 제시어 >> 买 / 多 / 水果
　　上午妈妈去商店_____。

(4) 제시어 >> 买 / 个 / 礼物
　　今天是我女朋友的生日, _____。

✚ 礼物 lǐwù 선물

Step 3 : 주요 표현 & 어휘 따라잡기 Track 17

■ **날씨와 관련된 다음 표현들을 익혀 두세요.**

방금 눈이 많이 와서 매우 춥습니다. | 27

 **Step 4 :** 이렇게 저렇게 말해보기 Track 18

1 A 明天天气怎么样？

   B 有 小雨。
          大雪。
          台风。

2 A 北京 下雪
          刮台风   了没有？
          降温

   B 下   一场大雪。
      刮   了   十级台风。
      降   十度左右。

3   冬天   经常下雪。
      下雨   时   很凉快。
      降温   的时候   多穿点儿衣服。

4   今天   零下五度到十度。
             零下十五度左右。
             零到十五度。

5   春天很暖和，   风沙很大。
      夏天天气很热，   不过   经常下雨。
      秋天比较凉快，   雨水很少。

➕ 级 jí 급(등급을 나타내는 양사) / 风沙 fēngshā 모래바람 / 比 bǐ ~보다, ~에 비해

Step 5 : 중국어 실력 쑥쑥 키우기 Track 19

1 녹음을 듣고, 각 녹음 내용을 바르게 묘사한 그림을 고르시오.

(1) ⓐ　　　　　ⓑ　　　　　ⓒ

(2) ⓐ　　　　　ⓑ　　　　　ⓒ
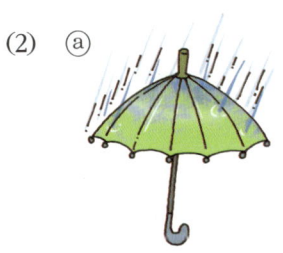  

(3) ⓐ　　　　　ⓑ　　　　　ⓒ

(4) ⓐ　　　　　ⓑ　　　　　ⓒ

30℃　　14℃　　　−14℃　　−30℃　　　14℃　　−30℃

방금 눈이 많이 와서 매우 춥습니다.

2 접속사 '不过'를 이용하여 다음 대화를 완성하시오.

(1) 제시어» 颜色、深

　　A：这件衣服怎么样？

　　B：大小合适，_____。

(2) 제시어» 油腻

　　A：中国菜好吃吗？

　　B：_____，_____。

(3) 제시어» 热、游泳

　　A：你喜欢什么季节？

　　B：我喜欢夏天，_____。

(4) 제시어» 冷、滑冰

　　A：韩国的冬天怎么样？

　　B：_____，_____，我很喜欢。

3 지금까지 배운 조동사 '要', '可以', '能', '会'를 이용하여 다음 빈칸을 채우시오.

(1) 爸爸_____开车，可他今天喝酒了，不_____开车。
(2) 这双鞋我_____试试吗？
(3) 王明明天有事儿，不_____来学校。
(4) 刚下了一场大雪，挺冷的。出门时_____关门。
(5) A：你明天_____早点儿来吗？

　　B：不行，我家很远。
(6) 我只_____说一点儿汉语，还不_____用汉语和中国人说话。
(7) 下午我_____去商店买点儿东西。

4 그림을 보고, 대화를 완성하시오.

(1)

A : 今天会下雨吗？

B : _____。

(2)

A : 这儿的天气你习惯了吗？

B : _____。

(3)

A : 今天多少度？

B : 最高_____， 最低

_____。

(4)

滑雪

A : 你喜欢什么季节？

B : _____。

or _____。

5 다음 각 상황에 대해 중국어로 대화를 나누시오.

(1) 좋아하는 계절이 무엇인지, 왜 좋아하는지에 대해 대화를 나누세요.

(2) 최근에 여행간 곳의 날씨에 대해 대화를 나누세요.

○ 开车 kāichē 운전하다 / 关门 guān mén 문을 닫다 / 滑雪 huáxuě 스키(를 타다)

발음클리닉

Qīngtóngtíng, qīngtóngtíng, tíng tíng yù lì zài qīngsōnglǐng.

Fēilái yì qún dà qīngtíng, qīngqīng luò zài qīngtóngtíng.

중국의 술에 대하여

1986년 허난성(河南省)에서 3000여 년 전의 술이 출토되었다는 사실과 두캉주(杜康酒)의 주인공 두캉이 처음 술을 빚었다는 전설을 통해 우리는 중국 술의 역사가 적어도 4000여 년 전으로 거슬러 올라간다는 것을 추측할 수 있다. 오랜 역사를 지닌 만큼 중국 술의 종류는 다양하다.

중국의 전통주는 크게 바이주(白酒)와 황주(黃酒)로 나뉜다.

바이주는 우리나라의 소주처럼 가열하여 증류시킨 술로, 무색이라 바이주라 불리며 일반적으로 도수가 40도~80도로 매우 독하다. 마오타이주(茅台酒)나 펀주(汾酒)가 대표적인 바이주이다.

황주는 우리나라 막걸리처럼 누룩을 발효시킨 다음 지게미를 걸러내어 만든 술로 원료와 촉매로 인해 황색을 띠어 황주라 불리게 되었다. 일반적으로 알코올 도수가 10여 도로 약한 편이며 저쟝성(浙江省)의 샤오싱주(绍兴酒)가 대표적인 황주이다.

■ **중국의 명주**

1 **마오타이주(茅台酒)**: 세계 3대 증류주 중 하나로, 수수를 원료로 하고 있으며 독특한 향이 난다. 알콜도수는 52~54도 정도이며 오랫동안 황제가 즐겨 마시던 술이었다. 이런 마오타이주가 세계 시장에 알려 진 것은 1915년 파나마 국제박람회에서 금상을 수상한 후부터였다. 그러나 독특하고 까다로운 제조방법 때문에 연간 생산량이 2천 톤을 넘지 않고 있다.

마오타이주(茅台酒)

2 **우량예주(五粮液酒)**: 우량예주는 예로부터 명주로 유명한 꾸이저우성(贵州省)에서 명(明) 나라 초기부터 생산되었다. 수수, 입쌀, 찹쌀, 밀, 옥수수 등의 5가지의 곡물과 약재를 넣어 빚은 이 술은 여전히 마오타이주와 명주자리를 놓고 맞서고 있다.

우량예주(五粮液酒)

3 **펀주(汾酒)**: 1926년 파나마 국제박람회에서 금상을 수상했으며 1000여 년의 긴 역사를 가지고 있다. 펀주는 입 안에 은은한 향이 오랫동안 남아 있으며 소화촉진과 피로회복에 효과가 있다고 한다.

펀주(汾酒)

4 **콩푸쟈주(孔府家酒)**: 산둥성(山东省) 취푸(曲阜)에서 생산되며 도수는 약 39도이다. 전에는 주로 제사용으로 사용되었으나 요즘에는 귀한 손님에게 대접하는 연회용으로 많이 사용된다.

콩푸쟈주(孔府家酒)

预	预 预 预				

預·yù

报	报 报 报				

報·bào

会	会 会 会				

會·huì

伞	伞 伞 伞				

傘·sǎn

带	带 带 带				

帶·dài

较	较 较 较				

較·jiào

3

听说王明住院了。
왕밍이 입원했다고 합니다.

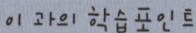

이 과의 학습포인트
1. 병원 진료와 관련 있는 표현
2. 여러 가지 증상을 나타내는 표현
3. 정도보어

Key Expressions Track 20

听说王明住院了。	왕밍이 입원했다고 합니다.
哪儿不舒服?	어디가 불편하십니까?
我头疼得厉害, 有点儿发烧。	머리가 많이 아프고 열도 좀 납니다.

 Step 1 : 기본회화 익히기 Track 21~26

[회화1] 金在旭: 听说王明住院了。
　　　　　Tīngshuō Wáng Míng zhùyuàn le.

张　兰: 怎么了？他病了吗？
　　　　Zěnme le? Tā bìng le ma?

金在旭: 不是，他受伤了。昨天他回宿舍时摔倒了。
　　　　Bú shì, tā shòushāng le. Zuótiān tā huí sùshè shí shuāidǎo le.

张　兰: 伤得重吗？
　　　　Shāng de zhòng ma?

金在旭: 我也不知道。
　　　　Wǒ yě bù zhīdao.

张　兰: 今天下午我们去看王明，怎么样？
　　　　Jīntiān xiàwǔ wǒmen qù kàn Wáng Míng, zěnmeyàng?

金在旭: 不行，今天不能看病人。明天去吧。
　　　　Bùxíng, jīntiān bùnéng kàn bìngrén. Míngtiān qù ba.

[단어]　住院　zhùyuàn　통 입원하다
　　　　病　bìng　통명 병이 나다; 병
　　　　受伤　shòushāng　통 상처를 입다, 부상 당하다
　　　　摔倒　shuāidǎo　통 자빠지다, 넘어지다
　　　　伤　shāng　통명 다치다; 상처
　　　　得　de　조 (동사와 정도보어를 연결시키는 구조조사)
　　　　重　zhòng　형 중하다, 심각하다
　　　　看病人　kàn bìngrén　문병하다

 　　　　　　　　　　　　　　　　　　　　TIGAO SHUIPING

■ 听说王明住院了。
중국어로 '입원하다'는 '住院', '퇴원하다'는 '出院'이라고 표현합니다.

[회화2] 妹　妹：哥哥，你怎么了？
　　　　　　　Gēge, nǐ zěnme le?

　　　　金在旭：我有点儿不舒服。
　　　　　　　Wǒ yǒudiǎnr bù shūfu.

　　　　妹　妹：哪儿不舒服？
　　　　　　　Nǎr bù shūfu?

　　　　金在旭：我头疼，嗓子疼，还有点儿发烧。
　　　　　　　Wǒ tóu téng, sǎngzi téng, hái yǒudiǎnr fāshāo.

　　　　妹　妹：可能是感冒了，去医院看看吧。
　　　　　　　Kěnéng shì gǎnmào le, qù yīyuàn kànkan ba.

＊　＊　＊　＊　＊　＊　＊　＊　＊　＊

　　　　金在旭：护士，挂个号。
　　　　　　　Hùshi, guà ge hào.

　　　　护　士：挂什么科？
　　　　　　　Guà shénme kē?

　　　　金在旭：挂内科。
　　　　　　　Guà nèikē.

[단어]　舒服　shūfu　휑 편안하다　　　　头　tóu　몡 머리
　　　　疼　téng　휑 아프다　　　　　　嗓子　sǎngzi　몡 목
　　　　发烧　fāshāo　동 열이 나다　　　可能　kěnéng　뷔 아마도
　　　　医院　yīyuàn　몡 병원　　　　　护士　hùshi　몡 간호사
　　　　挂(号)　guà(hào)　동 접수시키다, 신청하다　内科　nèikē　몡 내과

[회화3] 大　夫: 你怎么了？
　　　　　　　Nǐ zěnme le?

　　　　　李英爱: 我头疼得厉害，有点儿发烧。
　　　　　　　Wǒ tóu téng de lìhai, yǒudiǎnr fāshāo.

　　　　　大　夫: 先量一下儿体温吧。…… 38度。张开嘴, 啊——。
　　　　　　　Xiān liáng yíxiàr tǐwēn ba. …… Sānshíbā dù. Zhāngkāi zuǐ, ā ——.
　　　　　　　嗓子有点儿发炎，是流感。
　　　　　　　Sǎngzi yǒudiǎnr fāyán, shì liúgǎn.

　　　　　李英爱: 要打针吗？
　　　　　　　Yào dǎzhēn ma?

　　　　　大　夫: 不用, 吃点儿药就好了。给你开点儿药吧。
　　　　　　　Búyòng, chī diǎnr yào jiù hǎo le. Gěi nǐ kāi diǎnr yào ba.

　　　　　李英爱: 这药怎么吃？
　　　　　　　Zhè yào zěnme chī?

　　　　　大　夫: 一天三次, 一次两片。多喝水, 好好儿休息。
　　　　　　　Yì tiān sān cì, yí cì liǎng piàn. Duō hē shuǐ, hǎohāor xiūxi.

[단어]　厉害　lìhai　형 심하다　　　　　　量　liáng　동 재다, 측정하다
　　　　体温　tǐwēn　명 체온　　　　　　　张开　zhāngkāi　동 열다, 벌리다
　　　　嘴　zuǐ　명 입　　　　　　　　　　发炎　fāyán　동 염증이 생기다
　　　　流感　liúgǎn　명 유행성 감기　　　　打针　dǎzhēn　동 주사를 맞다
　　　　开药　kāi yào　약을 처방하다(짓다)　天　tiān　명 하루, 날, 일
　　　　次　cì　양 번, 차례　　　　　　　　片　piàn　양 알
　　　　水　shuǐ　명 물

TIGAO SHUIPING

■ 好好儿休息。

'好好儿' 뒤에 동사가 연결되면, 최선을 다해 혹은 진지하게 어떤 일을 한다는 것을 나타낸다.

Step 2 : 어법 포인트 콕콕 찍어주기

1 정도보어

동작의 정도를 나타내는 보어를 '정도보어'라고 하는데, 정도보어의 자리에는 일반적으로 형용사가 많이 쓰인다. 동사와 정도보어 사이에는 구조조사 '得'가 연결된다. 부정형식은 정도보어 앞에 '不'를 덧붙이고 정반의문문 형식은 보어의 긍정형과 부정형을 병렬시켜 만든다.

긍정문	부정문	정반의문문
他说得很好。	他说得不好。	他说得好不好?
他跑得很快。	他跑得不快。	他跑得快不快?
我睡得很晚。	我睡得不晚。	你睡得晚不晚?

주의 동사가 목적어를 가질 경우, 정도보어를 가진 문장의 구조는 두 종류이다.

(1) 주어 + 동사 + 목적어 + 동사 + 得 + 보어
  예 A : 他踢足球踢得怎么样?
      B : 他踢足球踢得很好。

(2) 주어 + 목적어 + 동사 + 得 + 보어
  예 A : 他汉语说得怎么样?
      B : 他汉语说得不太好。

※ 일상회화에서는 두 번째 형식이 더 많이 사용된다.

xunlian 정도보어를 이용하여 다음 빈칸을 채워 넣으시오.

긍정문	부정문	정반의문문
	他篮球打得不好。	
		他游泳游得好不好?
他穿得很少。		
	她唱歌唱得不好。	

○ 跑 pǎo 달리다 / 踢 tī (공을) 차다, (축구 등을) 하다 / 足球 zúqiú 축구 / 篮球 lánqiú 농구 / 打 dǎ (놀이, 운동 등을) 하다 / 唱 chàng (노래를) 부르다

 **Step 3 : 주요 표현 & 어휘 따라잡기**   Track 27

■ 다음 각 신체 부위의 명칭을 익혀 두세요.

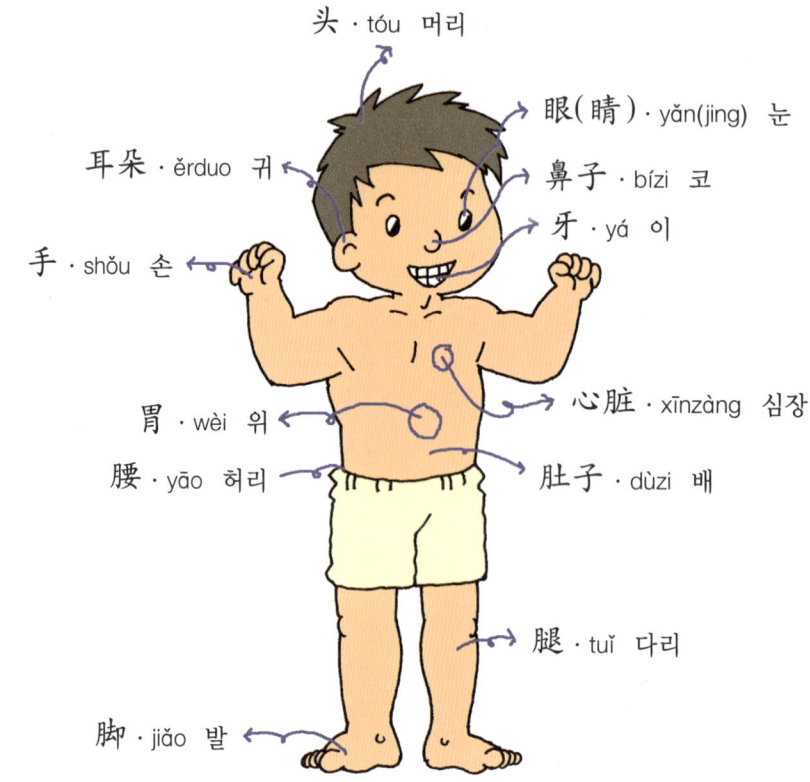

■ 병과 증상에 관한 다음 표현을 익혀 두세요.

열이 나다	콧물이 나다	설사하다	암
发烧 fāshāo	流鼻涕 liú bítì	拉肚子 lādùzi	癌症 áizhèng

심장병	염증이 생기다	상처가 나다, 다치다	사스(SARS)
心脏病 xīnzàngbìng	发炎 fāyán	受伤 shòushāng	非典 fēidiǎn

Step 4 : 이렇게 저렇게 말해보기 Track 28

1 Ⓐ 你怎么了？

Ⓑ 我有点儿 发烧。/ 不舒服。/ 拉肚子。

2 Ⓐ 你 怎么了？/ 哪儿不舒服？

Ⓑ 我 胃疼 / 头疼 / 肚子疼 得 厉害。/ 不得了。/ 很。

3 你好好儿 休息。/ 养病。/ 学习。

4 他 腿受伤了。/ 嗓子疼。/ 眼睛发炎了。

5 Ⓐ 这药怎么吃？

Ⓑ 一天三次、一次两片, / 早晚各一次、一次三片, 饭 前/后 吃

➕ 不得了 bùdéliǎo (정도보어로 쓰여 정도가 굉장히 심함을 나타냄) / ……得很 ……de hěn ('得'와 정도보어 '很'이 결합된 형태로 정도가 심함을 나타냄) / 养病 yǎngbìng 요양하다 / 各 gè 각각, 각자

Step 5 : 중국어 실력 쑥쑥 키우기   Track 29

1 녹음을 듣고, 각 녹음 내용과 일치하는 그림을 찾으시오.

(1) _____   (2) _____   (3) _____   (4) _____

ⓐ    ⓑ

ⓒ    ⓓ

2 괄호 안의 제시어를 이용하여 다음 대화를 완성하시오.

A : 你哪儿不舒服？

B : _____。（头、嗓子）

A : 先量一下儿体温。

B : 多少度？_____？

A : 不发烧，有点儿感冒。

B : _____？（打针）

A : 不用。吃点儿药、_____。（好好儿）

B : _____？（怎么）

A : 一天两次，_____。（片）

➕ 饱 bǎo 배부르다

3 다음 그림을 보고, 정도보어를 이용하여 보기와 같이 문장을 만들어 보시오.

[보기]
英爱 <u>起得很早</u>。
丽丽 <u>起得很晚</u>。

(1)
英爱 _____。
丽丽 _____。

(2)
王明 _____。
在旭 _____。

(3)
王明 _____。
在旭 _____。

(4)
惠林 _____。
王明 _____。

(5)
惠林 _____。
张兰 _____。

4 옆사람과 한 명은 의사역을, 한 명은 환자역을 맡아 대화를 나누시오.

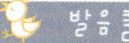 발음클리닉

Liángsháo yào rèyóu, rèsháo yào liángyóu.
Liángsháo yào le rèyóu yào liángyóu, rèsháo yào le liángyóu yào rèyóu.

중국문화 읽기

중국의 병원에 대하여

중국의 의료체계는 서양의학과 중의학으로 나눌 수 있다.

현재 중국에는 많은 서양의학 병원들이 있지만, 현대 의학 수준이 그리 높지 않고 병원의 서비스나 위생 환경은 아직 여러 가지 점에서 미흡한 상태이다. 대부분의 병원이 국·공립병원으로, 개인병원은 아직 활성화가 안 되어 있다. 원칙적으로 외국인은 의료보험이 적용되지 않지만 유학생인 경우에는 해당학교의 지정 병원에서 저렴한 가격으로 의료혜택을 받을 수 있다.

중국 병원의 접수 방법은 우리나라 종합병원의 접수 방식과 비슷하다. 해당과에 접수를 시키고 기다리면 의사가 진찰을 한 후 처방전을 써 준다. 그 처방전을 가지고 병원 내의 약국에 가서 약을 사 가지고 다시 해당과에 가서 사온 약으로 주사를 맞으면 된다.

중국 내의 진료비는 의료보험이 적용되지 않는 경우에는 상당히 비싼 편이다. 또한 오전, 오후에 따라 달라지며 전문의냐 일반의냐에 따라서도 달라진다.

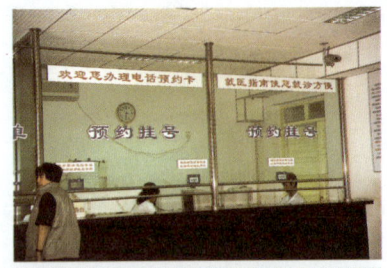

중국의 병원 중국 병원의 접수 및 수납 방법은 우리나라의 종합병원과 비슷하다. 사진은 위부터 차례로 진료신청 하는 곳, 약을 타는 곳, 수납하는 곳.

화타(華佗) 중국 후한(后汉) 말의 명의(名医)로 '신의(神医)'로 칭해진다. 마비산(麻沸散)이라는 마취약으로 세계 최초로 외과수술을 시술하였다고 전해진다.

중의학은 현재 동양의학의 선두주자로, 최근에는 동양뿐 아니라 서양에서도 대체 의학으로 각광받고 있다. 특히 중의학은 서양의학에서 고치지 못한 사람들의 질병을 고쳐 주면서 세계 의학 시장에서 그 입지를 더욱 확고히 하고 있다.

또한 적지 않은 수의 유학생들이 중의학을 배우기 위해 중국으로 몰려들고 있으며 중국을 찾는 관광객들도 중의학의 치료법에 관심을 갖는 이가 점점 늘어나고 있다.

伤 傷·shāng	ノ イ イ′ 亻 伤 伤
头 頭·tóu	゛ 二 头 头
疼 téng	亠 广 疒 疒 疼 疼
烧 燒·shāo	゛ ソ ナ 火 灶 炓 烧 烧
能 néng	厶 台 育 肯 能 能 能
药 藥·yào	一 艹 艻 艻 药 药 药

护 護·hù	一 十 扌 扩 护 护 护
	护 护 护

厉 厲·lì	一 厂 厂 厉 厉
	厉 厉 厉

张 張·zhāng	一 了 弓 弓' 弓'' 张 张
	张 张 张

开 開·kāi	一 二 于 开
	开 开 开

针 針·zhēn	丿 𠂉 钅 钅 钅 针
	针 针 针

片 piàn	丿 丿' 广 片
	片 片 片

4

我正在学习汉语。
나는 중국어를 배우고 있습니다.

이 과의 학습포인트
1. 동작의 진행
2. 접속사 '但是'
3. '……什么的'로 열거를 표시하는 방법

Key Expressions Track 30

我正在学习汉语。　　　나는 중국어를 배우고 있습니다.
可不是，现在学汉语的人非常多。　　물론이죠! 요즘 중국어를 배우는 사람은 굉장히 많습니다.
哪里，还差得远呢。　　무슨요, 아직 멀었는걸요.

 **Step 1 : 기본회화 익히기**　Track 31~36

[회화1]　朋　友 : 最近忙什么？
　　　　　　　　　Zuìjìn máng shénme?

　　　　　尹惠林 : 我正在学习汉语。
　　　　　　　　　Wǒ zhèngzài xuéxí Hànyǔ.

　　　　　朋　友 : 你觉得汉语难不难？
　　　　　　　　　Nǐ juéde Hànyǔ nán bu nán?

　　　　　尹惠林 : 很难，但是很有意思。
　　　　　　　　　Hěn nán, dànshì hěn yǒuyìsi.

　　　　　朋　友 : 现在是汉语热。
　　　　　　　　　Xiànzài shì Hànyǔ rè.

　　　　　尹惠林 : 可不是，现在学汉语的人非常多。
　　　　　　　　　Kěbushì, xiànzài xué Hànyǔ de rén fēicháng duō.

[단어]　正在　zhèngzài　🈚 마침(한창) ~하는 중이다
　　　　　难　nán　🈚 어렵다
　　　　　但是　dànshì　🈚 그러나, 하지만
　　　　　有意思　yǒuyìsi　재미있다
　　　　　热　rè　🈚 열, 열기, 붐
　　　　　学　xué　🈚 배우다, 공부하다
　　　　　非常　fēicháng　🈚 굉장히

我叫尹惠林…

　　　　　　　　　　　　　　　　　　　　　　　TIGAO SHUIPING

■ 可不是, ……。

'可不是'는 상대방의 견해나 추측에 강하게 동의함을 나타낸다.

[회화2] 张　兰 : 你在干什么呢？
Nǐ zài gàn shénme ne?

金在旭 : 练书法呢。
Liàn shūfǎ ne.

张　兰 : 看来你对书法很感兴趣。
Kànlái nǐ duì shūfǎ hěn gǎn xìngqù.

金在旭 : 可不是，我从小就喜欢，但是在韩国一直没有
Kěbushì, wǒ cóng xiǎo jiù xǐhuan, dànshì zài Hánguó yìzhí méiyǒu
机会学。
jīhuì xué.

张　兰 : 你写得不错啊。
Nǐ xiě de búcuò a.

金在旭 : 哪里，还差得远呢。
Nǎli, hái chà de yuǎn ne.

[단어]　干　gàn　동 ~을 하다　　　练　liàn　동 연습하다
书法　shūfǎ　명 서예　　　看来　kànlái　보아하니
对　duì　개 ~에 대해　　　感　gǎn　동 느끼다
兴趣　xìngqù　명 흥미, 관심　　　从　cóng　개 ~로부터
一直　yìzhí　부 계속해서, 줄곧, 똑바로　　　机会　jīhuì　명 기회
差　chà　형 차이가 나다, 모자라다

TIGAO SHUIPING

■ **看来你对书法很感兴趣。**

'看来'는 문장 중에 삽입어로 쓰여 '보아하니 ~인 것 같다'라는 뜻을 나타낸다. 뒤에는 객관적인 상황에 근거하여 추론된 결론이 온다.

■ **哪里，还差得远呢。**

'哪里'는 다른 사람이 자기를 칭찬할 때 쓰는 겸손의 표현이다. '哪里哪里'라고도 한다.

[회화3] 李英爱：昨天晚上我去宿舍找你，你不在。
Zuótiān wǎnshang wǒ qù sùshè zhǎo nǐ, nǐ bú zài.

王　明：几点？
Jǐ diǎn?

李英爱：八点。
Bā diǎn.

王　明：八点我正在网吧学电脑呢。
Bā diǎn wǒ zhèng zài wǎngbā xué diànnǎo ne.

李英爱：学得怎么样了？
Xué de zěnmeyàng le?

王　明：马马虎虎，打字、上网什么的都会一点儿。
Mǎmahūhū, dǎ zì、shàngwǎng shénme de dōu huì yìdiǎnr.

张　兰：会发电子邮件吗？
Huì fā diànzǐ yóujiàn ma?

王　明：没问题。
Méi wèntí.

[단어] 马马虎虎　mǎmahūhū　형 그저 그렇다, 부주의하다
　　　打　　dǎ　동 타이핑하다, 치다, 때리다
　　　字　　zì　명 타자, 글자
　　　上网　　shàngwǎng　인터넷을 하다
　　　发　　fā　동 (메일, 팩스 등을) 보내다
　　　电子邮件　diànzǐ yóujiàn　명 전자우편, 이메일
　　　没问题　méi wèntí　문제 없다

Step 2 : 어법 포인트 콕콕 찍어주기

1 동작의 진행

동작이 진행되고 있음을 나타낼 때, 동사 앞에 부사 '正在', '正', '在'를 첨가하거나 문장의 끝에 '呢'를 붙여주면 동작이 진행되고 있음을 나타낸다. '正在', '正', '在'를 '呢'와 함께 사용하기도 한다. 부정형식은 동사 앞에 '没有'를 붙인다.

呢	在	正在
我看书呢。	他在看书(呢)。	他正(在)看书(呢)。
学生上课呢。	学生在上课(呢)。	学生正(在)上课(呢)。
我来时，他吃饭呢。	我来时，他在吃饭(呢)。	我来时，他正(在)吃饭(呢)。
他写信呢。	他在写信(呢)。	他正(在)写信(呢)。

동작은 지금 발생하고 있는 것일 수도 있고, 과거에 발생했거나 미래에 발생할 것일 수도 있다.

① 昨天我去他家时，他正在看电视呢。
② 明年的今天，我可能正在法国学习呢。

---

xunlian 그림을 보고, '正在 / 正 / 在……呢'를 이용하여 각 문장을 완성하시오.

(1) 제시어 >> 睡觉
你来电话的时候, 我 _____ 。

(2) 제시어 >> 打篮球
现在在旭 _____ 。

(3) 제시어 >> 旅行
去年这个时候, 英爱 _____ 。

(4) 제시어 >> 下雪
_____ , 别出去了。

◎ 旅行 lǚxíng 여행하다

2 접속사 '但是'

접속사 '但是(可是)'는 복문의 두 번째 절 앞에 쓰여 전환관계를 나타낼 수 있다. 앞절에는 '비록 ~일지라도'를 뜻하는 '虽然'을 쓸 수 있는데, 이 경우 '虽然'은 앞절 주어의 앞이나 뒤에 놓인다. '虽然'이나 '但是(可是)' 둘 중 하나를 생략해도 의미는 변하지 않는다.

① 虽然汉语很难，但是他学得很好。
② 虽然下雨了，但是我们都去了。
③ 他很聪明，可是不努力。
④ 东西很便宜，但是质量很好。

xunlian 그림을 보고, '虽然……但是(可是)……'를 이용하여 각 문장을 완성하시오.

(1) 看、球赛
虽然天气不好, _____。

(2) 考、考试
虽然他很努力, _____。

(3) 韩国菜、辣
_____, 可是很好吃。

(4) 长、帅
_____, 但是我不喜欢他。

⊕ 聪明 cōngming 똑똑하다 / 努力 nǔlì 노력하다 / 长 zhǎng 자라다, 외모가 ~하다 / 帅 shuài 잘생기다

3 '……什么的'로 열거를 표시하는 방법

'什么的'는 하나 혹은 몇 개의 병렬되는 성분 뒤에 쓰여 열거를 나타낸다. 주로 구어체에 쓰인다. 열거되는 사물 앞에 '什么'를 붙여 열거를 표시하기도 한다.

① A : 你买什么了?
　　B : 我买了橘子、苹果什么的。

② A : 你喜欢吃什么菜?
　　B : 我喜欢吃泡菜、烤肉什么的。

③ A : 你想喝什么?
　　B : 可乐、茶、啤酒什么的，都可以。

xunlian
'什么的'를 사용하여 다음 대화를 완성하시오.

(1) 제시어 » 笔、本子、橡皮
　　A : 你昨天买了些什么?
　　B : _____。

(2) 제시어 » 篮球、足球、乒乓球
　　A : 你喜欢什么运动?
　　B : _____。

(3) 제시어 » 英语、汉语、日语
　　A : 你会几门外语? 学得怎么样?
　　B : _____。

(4) 제시어 » 泡菜、烤肉
　　A : 韩国什么东西好吃?
　　B : _____。

✚ 烤肉 kǎoròu 불고기 / 笔 bǐ 필기구 / 本子 běnzi 노트 / 橡皮 xiàngpí 지우개 / 乒乓球 pīngpāngqiú 탁구

나는 중국어를 배우고 있습니다. | 53

Step 3 : 이렇게 저렇게 말해보기   Track 37

1. A 你在忙什么呢？

   B 我 正在/正在/正在 吃饭/练习书法/发电子邮件/上网 呢。

2. A 你觉得 这个电影/这件衣服/他的汉语 怎么样？

   B 马马虎虎。

3. A 你对什么感兴趣？

   B 我对 书法、画画儿/足球、棒球/电影、电视 什么的都感兴趣。

4. A 你对书法很感兴趣/外边很冷/玩电脑很有意思/最近你很忙 吧？

   B 可不是。

5

我从小就　喜欢踢足球。
　　　　　不喜欢去旅行。
　　　　　不爱吃饺子。

6

虽然　天气不冷，　　但是　风很大。
　　　病了，　　　　　　　还来上课了。
　　　汉语很难，　　　　　很有意思。
　　　衣服很贵，　　　　　质量很好，我就买了。

7

Ⓐ　你　汉语说　　得真不错。
　　　　球打
　　　　中国歌唱
　　　　画儿画

Ⓑ　哪里，　　还差得远呢。
　　哪里哪里，

➕ 画 huà 그리다 / 画儿 huàr 그림 / 棒球 bàngqiú 야구

나는 중국어를 배우고 있습니다. | 55

 **Step 4 :** 중국어 실력 쑥쑥 키우기   Track 38

1 녹음을 듣고, 각 녹음 내용과 일치하는 그림을 찾으시오.

(1) _____ (2) _____ (3) _____ (4) _____

ⓐ    ⓑ

ⓒ    ⓓ

2 '电脑'를 주제로 하여 다음 대화를 완성하시오.(괄호 안의 제시어를 이용할 것)

A : 你在干什么呢？

B : _____。（玩）

A : _____。（热）

B : _____，最近学电脑、玩电脑的人非常多。

A : 你会用电脑做什么？

B : _____。（什么的）

A : 会发电子邮件吗？

B : _____。

3 그림을 보고, '可不是'를 이용하여 다음 대화를 완성하시오.

(1)

A : 他每天早上起得很晚。
B : _____。

(2)

中文报

A : 看来他汉语很好。
B : _____。

(3)

A : 看来今天天气很热。
B : _____。

(4)

考试、得……分

A : 汉语很难。
B : _____。

4 다음 각 질문을 화두로 하여 옆사람과 대화를 나누시오.

(1) 最近你忙什么呢？
(2) 你在干什么呢？
(3) 明年的今天，你可能在做什么呢？

✚ 中文报 zhōngwénbào 중문 신문 / 得 dé 얻다 / 分 fēn 점, 점수

 발음클리닉

Làngǔ bǔ pòbù, pòbù bǔ làngǔ.
Làngǔ pòbù bǔ bu zhù, pòbù làngǔ bùnéng bǔ.

색깔과 중국문화

红色(hóngsè·붉은색)

붉은색은 경사와 기쁨의 상징으로 춘절(春节)에는 붉은 종이에 쓴 대련(对联)과 복(福)자를 벽이나 문 등에 붙이고 홍등을 건다. 또한 붉은색이 흥성과 번영을 상징해서, 번창하는 것을 '红火(hónghuǒ)', 시작부터 잘 되는 것을 '开门红(kāimén hóng)'이라 한다.

▲ 오성홍기 중국의 국기는 혁명열사의 선혈을 기리기 위해 붉은색으로 만들어졌다.

▼ 중국의 세뱃돈 봉투 붉은색이 경사와 기쁨을 상징하기에 춘절(설)에는 여기저기에서 붉은색을 볼 수 있다.

또한 '붉은색=피'라는 서방문화의 영향을 받아 중국에서는 이 색이 혁명을 상징하게 되었다. 신중국 건립 후, 국기인 오성홍기를 붉은색 바탕으로 한 것은 혁명열사의 선혈을 상징하기 위함이었다고 한다.

黄色(huángsè·노란색)

오행설에 의하면 노란색은 방향 중 가운데를 뜻해 역대 황제들은 노란색을 좋아했다고 한다. 당(唐) 고조는 황제의 '黃袍(huángpáo)'의 착용을 제도화했고 백성들이 노란색 옷을 입지 못하게 했다. 이러한 규정은 청(清)대까지 이어져 노란색은 황제의 색이 되어 버렸다.

그러나 서방 문화의 영향을 받으면서 노란색은 색정, 저급 등을 뜻하는 부정적인 의미를 가지게 되었다. 그래서 '黄色小说(huángsè xiǎoshuō·에로소설)', '黄色电影(huángsè diànyǐng·에로영화)' 등의 말이 생겨났다.

▲ '黃袍'를 입은 청 건륭황제와 비의 상. 중국 역사 대대로 노란색은 황제의 색이었다.

黑色(hēisè·검은색)

원래 중국 고대 문화에서는 검은색에 부정적 의미가 없었지만, 검은색은 어두운 색이고 흰색은 밝은 색이어서 점차 사람들은 검은색을 오류나 사악함, 흰색을 옳음과 순결 등에 견주게 되었다. 그래서 검은색은 '黑手(hēishǒu·마피아)', '黑市交易(hēishì jiāoyì·암거래)', '黑人(hēirén·호적이 없는 사람)', '赚黑钱(zhuàn hēiqián·부정한 방법으로 돈을 벌다)' 등 불법적이거나 공명정대하지 못한 일을 묘사할 때 사용된다.

참고로 '黑'에 부정적인 의미가 더욱 확대된 것은 10년의 문화대혁명 기간 동안 검은색이 반동을 상징했기 때문이라고 한다.

白色(báisè·흰색)

오행설에 따르면 흰색은 서쪽과 가을을 상징한다. 서쪽은 찬바람이 불어 오는 방향이고 가을은 만물이 시드는 계절이라 스산한 기운을 가지고 있다. 이 때문에 흰색은 죽음을 상징하는 색으로 쓰인다. 옛날에는 사람이 죽으면 상복을 입고 흰색 휘장의 지청을 설치하고 출관시 흰색 조기를 달았다. 그러나 비단 죽음만을 상징하는 것이 아니라 더러운 것에 오염되지 않은 순결을 상징하기도 한다.

또한 5·4 운동 이후에는 흰색에 '반동'이라는 정치적 의미가 더해져 '白军(báijūn·국민당 군대)', '白俄(bái'é·반동분자)' 같은 말들이 생겨났다.

难 難·nán	𠃍 又 刈 刈 𪨊 难 难 难 难 难
但 dàn	ノ 亻 𠆢 但 但 但 但 但 但
思 sī	丨 冂 冂 用 田 田 思 思 思 思
干 幹·gàn	一 二 干 干 干 干
练 練·liàn	乚 幺 纟 𮬈 练 练 练 练 练 练
对 對·duì	𠃍 又 𠬝 对 对 对 对 对

| 从 |
| 從·cóng |

丿 亻 从 从
从 从 从

| 趣 |
| qù |

十 丰 走 赶 起 趣 趣 趣
趣 趣 趣

| 机 |
| 機·jī |

一 十 才 木 机 机
机 机 机

| 差 |
| 差·chà |

丷 丛 羊 差 差
差 差 差

| 虎 |
| 虎·hǔ |

⺊ 卢 庐 庐 虍 虎
虎 虎 虎

| 题 |
| 题·tí |

日 旦 早 是 题 题
题 题 题

5

实在抱歉，词典弄丢了。
정말 미안한데, 사전을 잃어버렸어요.

이 과의 학습포인트
1. 결과보어를 이용한 표현
2. 인과복문 '因为……, 所以……'

Key Expressions Track 39

记住，以后不能这样。 기억하세요, 앞으로는 이렇게 하면 안 됩니다.
你怎么又来晚了？ 왜 또 늦게 왔습니까?
实在抱歉，词典弄丢了。 정말 미안한데, 사전을 잃어버렸어요.

 Step 1 : 기본회화 익히기

[회화1] 张老师: 昨天的作业都做好了吗？
Zuótiān de zuòyè dōu zuòhǎo le ma?

金在旭: 对不起老师，我们都没做完。
Duìbuqǐ lǎoshī, wǒmen dōu méi zuòwán.

张老师: 怎么回事？我的作业从来都不多。
Zěnme huí shì? Wǒ de zuòyè cónglái dōu bù duō.

金在旭: 因为昨天晚上我们给韩娜过生日，一直玩到十二
Yīnwèi zuótiān wǎnshang wǒmen gěi Hánnà guò shēngrì, yìzhí wándào shí'èr
点，所以……。
diǎn, suǒyǐ…….

张老师: 记住，以后不能这样。
Jìzhù, yǐhòu bùnéng zhèyàng.

金在旭: 老师，我们记住了。
Lǎoshī, wǒmen jìzhù le.

[단어] 作业 zuòyè 명 숙제   完 wán 동 끝나다, 완성되다
回 huí 양 (일 등에 대해 쓰이는 양사)   从来 cónglái 부 여태껏, 지금까지
因为……, 所以…… yīnwèi……, suǒyǐ……　～하기 때문에, 그래서 ～
玩 wán 동 놀다   记 jì 동 기억하다
以后 yǐhòu 명 이후
住 zhù 동 살다, 거주하다(본문에서는 결과보어로 사용되어 견고함·안정됨 등의 의미를 나
타내고 있음)

　　　　　　　　　　　　　　　　　　　　　　　　　　　TIGAO SHUIPING

■ 我的作业从来都不多。

　부사 '从来'는 보통 부정문에 쓰여 동작이 과거부터 현재에 이르기까지 줄곧 이러했음을 표시한
다. 때로는 긍정문에 쓰이는데, 이 경우 늘 '都'나 '就'와 호응한다.

[회화2] 尹惠林：你怎么又来晚了？
Nǐ zěnme yòu láiwǎn le?

王 明：实在抱歉，我看错时间了。
Shízài bàoqiàn, wǒ kàncuò shíjiān le.

尹惠林：别找借口了。
Bié zhǎo jièkǒu le.

王 明：真的，七点半我看成六点半了。
Zhēnde, qī diǎn bàn wǒ kànchéng liù diǎn bàn le.

尹惠林：你呀，从来都马马虎虎的。
Nǐ ya, cónglái dōu mǎmahūhū de.

王 明：下不为例。
Xià bù wéi lì.

[단어] 实在 shízài [부] 확실히, 정말로
抱歉 bàoqiàn [동] 미안하게 생각하다
错 cuò [형] 틀리다
借口 jièkǒu [명] 핑계, 구실
成 chéng [동] ~가 되다
呀 ya [조] 억양을 강하게 해주는 어기조사
下不为例 xià bù wéi lì 이후에는 이렇게 하지 않다

[회화3] 李英爱：我的词典你用完了吗？
Wǒ de cídiǎn nǐ yòngwán le ma?

王　明：实在对不起，词典弄丢了。
Shízài duìbuqǐ, cídiǎn nòngdiū le.

李英爱：怎么丢的？
Zěnme diū de?

王　明：放在桌子上就不见了。
Fàngzài zhuōzi shang jiù bú jiàn le.

李英爱：你好好儿找找。
Nǐ hǎohāor zhǎozhao.

王　明：我找了一个早上也没找着。
Wǒ zhǎo le yí ge zǎoshang yě méi zhǎozháo.

李英爱：你呀，总是丢三落四的。
Nǐ ya, zǒngshì diū sān là sì de.

[단어]　词典　cídiǎn　명　사전

弄　nòng　동　하다, 행하다, 만들다(원래 쓰여야 할 동사의 사용이 불필요하거나 애매할 경우 그 동사를 대신하여 쓰임)

丢　diū　동　잃다

桌子　zhuōzi　명　책상

着　zháo　동　(동사 뒤에서 결과보어로 쓰이면 목적이 달성되었거나 결과가 있음을 나타냄)

总是　zǒngshì　부　늘, 언제나

丢三落四　diū sān là sì　잘 빠뜨리다

 **Step 2 : 어법 포인트 콕콕 찍어주기**

1 결과보어

동사 뒤에 놓여 동작의 결과를 설명하는 보어를 결과보어라 한다. 결과보어는 보통 동사나 형용사로 이루어진다. 결과가 있다는 것은 그 동작이 완성되었음을 의미하기 때문에, 결과보어를 가지는 문장의 부정형식은 보통 '没(有)'를 쓴다. 정반의문문의 형식은 '……没有' 혹은 '동사＋没＋동사'이다.

긍정	부정	정반의문문
饭做好了。	饭没(有)做好。	饭做好了没有? 饭做没做好?
你写对了。	你没写对。	你写对了没有? 你写没写对?
我听懂了老师的话。	我没听懂老师的话。	你听懂了老师的话没有? 你听没听懂老师的话?
信寄到韩国了。	信没寄到韩国。	信寄到韩国没有? 信寄没寄到韩国?

(1) '好'가 결과보어로 쓰이는 경우

결과보어 '好'는 동작이 완성되었거나 혹은 완벽한 정도에 도달했음을 나타내며, '定(결정)'의 뜻을 나타내기도 한다.

① 饭已经做好了。　　　　　② 请走好。
③ 我一定要学好汉语。　　　④ 我们说好了八点去。

(2) '住'가 결과보어로 쓰이는 경우

결과보어 '住'는 동작을 통해 어떤 사물이 일정한 자리에 고정되어 있음을 나타낸다.

① 你记住他的电话号码了吗?
② 车停住了。

○ 懂 dǒng 이해하다 / 寄 jì (편지 등) 부치다 / 一定 yídìng 반드시 / 电话号码 diànhuà hàomǎ 전화번호

(3) '成'이 결과보어로 쓰이는 경우

결과보어 '成'은 어떤 사물이 동작으로 인하여 변화가 일어났거나 목적에 도달하였음을 나타낸다.

① "f"这个音我常常发成"p"。
② 这篇小说已经翻译成韩语了。
③ "休息"他写成"体息"了。

(4) '着'가 결과보어로 쓰이는 경우

'着'는 동작이 목적에 이르렀음을 나타낸다.

① 我的词典找着了。
② 你要的那本书没买着。
③ 他睡着了没有？

---

xunlian 적당한 결과보어를 보기에서 골라 빈칸을 채우시오.

[보기] 好   对   错   早   晚   懂

(1) 他的生日是星期三，不是星期二，我记____了。

(2) 已经上课了，我们来____了。

(3) 旅行的东西我准备____了。

(4) 这个句子我翻译____了吗？

(5) 票订____了，是明天上午八点的。

(6) 我们约____一起去。

(7) 老师讲的我都听____了。

篇 piān 편(글이나 작품을 세는 양사) / 小说 xiǎoshuō 소설 / 翻译 fānyi 번역하다 / 准备 zhǔnbèi 준비하다 / 票 piào 표 / 订 dìng 예약하다, 정하다 / 约 yuē 약속하다 / 讲 jiǎng 말하다, 설명하다

2 인과복문 '因为……, 所以……'

'因为……, 所以……'는 '~하기 때문에, 그래서~'라는 뜻으로, 인과관계를 나타낸다. '因为'가 이끄는 절은 원인을, '所以'가 이끄는 절은 결과를 설명하는데, 두 접속사 중 하나를 임의로 생략할 수 있다.

① A : 你怎么不去了?
　　B : 因为外面下雪了, 所以不去了。

② A : 老师为什么没来?
　　B : 老师生病了, 所以没来。

③ A : 他知道那件事吗?
　　B : 因为我没告诉他, 他就不知道。

xunlian　그림을 보고, '因为……, 所以……'를 이용하여 문장을 완성하시오.

(1) 住院
_____,
所以他要回国。

(2) 玩、两点
_____,
所以今天又迟到了。

(3) 礼物
因为明天是父母节,
_____。

(4) 感冒
因为穿得很少,
_____。

○ 外面 wàimiàn 바깥 / 生病 shēngbìng 병이 나다

 **Step 3 : 이렇게 저렇게 말해보기** Track 46

1. | 衣服 / 东西 / 晚饭 | 洗 / 买 / 做 | 好了。

2. 我从 | 八点 / 三月 / 第一课 | 玩 / 工作 / 学 | 到 | 十二点。/ 七月。/ 二十五课。

3. | "休息" / "chī fàn" / 课文 | 我 | 写 / 读 / 翻译 | 成 | "体息" / "chī fàn" / 中文 | 了。

4. A 你怎么又来晚了？
   B 实在 | 对不起, / 抱歉, | 我 | 看 / 走 / 坐 | 错 | 时间 / 路 / 车 | 了。

5. 我找了 | 一（个）早上 / 一（个）上午 / 一（个）晚上 / 一天 | 也没找着。

➕ 第 dì 제(수사 앞에 쓰여 차례를 나타냄) / 课 kè 과 / 课文 kèwén 본문

Step 4 : 중국어 실력 쑥쑥 키우기 Track 47

1 녹음을 듣고, 각 녹음 내용과 일치하는 그림을 찾으시오.

(1) _____ (2) _____ (3) _____ (4) _____

ⓐ    ⓑ

ⓒ    ⓓ

2 다음 대화에서 한어병음으로 쓰인 부분을 중국어로 옮기시오.

(1) A : 昨天的作业_____吗?
　　　　　　　　 dōu zuòhǎo le

　　B : 对不起老师, 我们都_____。
　　　　　　　　　　　　　　méi zuòwán

　　A : _____? 我的作业从来都不多。
　　　　 Zěnme huí shì

(2) A : 你怎么又来晚了?

　　B : _____, 我看错时间了。
　　　　 Shízài bàoqiàn

　　A : 别_____了。
　　　　　 zhǎo jièkǒu

　　B : 真的, 七点半我_____了。
　　　　　　　　　　　 kànchéng liù diǎn bàn

　　A : 你呀, 从来都_____的。
　　　　　　　　　　　 mǎmahūhū

3 주어진 그림 중 관련 그림을 찾아, 요구에 따라서 문장을 완성하시오.

(1) '동+好'를 이용하여 아래의 장면을 표현하시오.

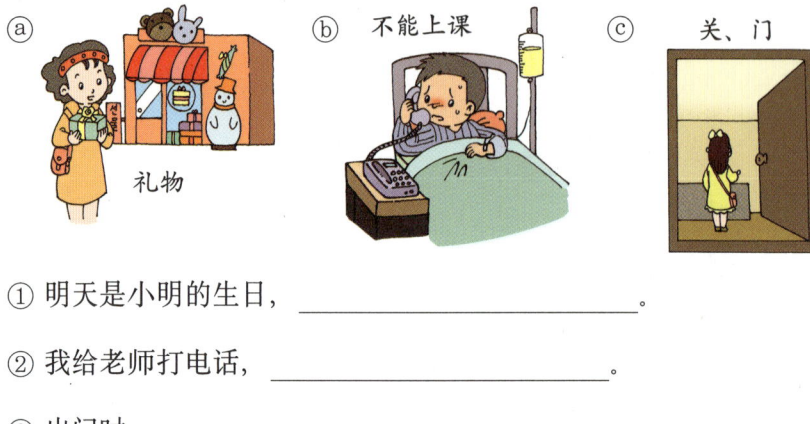

① 明天是小明的生日，_____。

② 我给老师打电话，_____。

③ 出门时，_____。

(2) '동+着'를 이용하여 아래의 장면을 표현하시오.

① 我们小点声儿说，_____。

② 你说的那本书，我找了半天，_____。

③ "玟"这个字我在字典里_____。

➕ 小声儿 xiǎoshēngr 작은 소리 / 半天 bàntiān 한나절, 한참 동안 / 字典 zìdiǎn 자전 / 红灯 hóngdēng 빨간 신호등 / 站 zhàn 멈추다, 서다 / 打扫 dǎsǎo 청소하다

70 | 제5과

(3) '동+住'를 이용하여 아래의 장면을 표현하시오.

① _____, 我的电话是 4835071。

② 因为前面是红灯, _____。

③ _____, 有人叫你。

(4) 결과보어를 이용하여 아래의 장면을 표현하시오.

① _____。

② 他说的话_____。

③ _____, 我不能去游泳。

발음클리닉

Xiǎoxú diào yú diào bu qǐ dàyú,
yúgān yuàn yúgōu tài zhí búgòu qū,
yúgōu yuàn yúgān tài qū búgòu zhí,
yě bùzhī shì gān qū gōu zhí, háishi gān zhí gōu qū.

중국의 전통 놀이 문화에 대하여

■ 폭죽

중국인들은 명절이나 결혼식, 개업식 등 경사스러운 날에 분위기를 고조시키기 위해 습관적으로 폭죽을 떠뜨린다.

이렇게 폭죽을 떠뜨리게 된 유래에 대해서는 종름의 『형초세시기(荊楚歲時記)』에 나와 있다. 이 책에 따르면 해마다 춘절(春节)이 되면 깊은 산 속에 사는 뿔이 넷 달린 괴수가 나타나 사람들에게 피해를 입혀서 사람들은 괴수를 두려워했다. 그러나 사람들은 이 괴수가 폭발음과 빛을 무서워한다는 사실을 알아냈고 대나무를 태워 생긴 빛과 폭발음으로 괴수를 물리쳤다. 그후 춘절 전야에 폭죽을 터뜨리는 풍습이 생겨났다고 한다.

최근 폭죽이 환경오염, 인명피해 등의 부작용을 낳아 중국정부가 그 사용을 엄격히 금하고 있지만, 폭죽을 사용할 수 있게 하자는 여론도 만만치 않아 논쟁이 끊이지 않고 있다.

■ 용춤

농업이 생활의 근본이었던 옛날에는 바람과 비의 조절이 농업 생산량에 절대적인 영향력을 행사했다. 그래서 사람들은 바람과 비를 다스린다는 용을 복을 내리고 재앙을 물리칠 수 있는 신령스러운 동물로 인식했다.

중국인들은 스스로를 용의 자식이라 자처하고 용을 숭배와 경이의 대상으로 삼았다. 용에 대한 이러한 숭배는 제사라는 형식을 통해 구체화되었고 숭배의식 중 등장한 것이 용춤이었다. 그래서 용춤은 기우제 등 국태민안을 기원하는 각종 행사에 빠짐없이 등장한다.

■ 사자춤

용춤과 더불어 사자춤도 각종 기념행사에 자주 등장한다. 민간에 전해지는 바에 따르면 명나라 초 새해를 맞이할 즈음에 괴수가 나타나 농작물을 짓밟고 가축과 사람들에게 피해를 주곤 했다. 이때 어떤이가 사자춤으로 괴수를 깜짝 놀라게 하자는 의견을 내놓았고 이 방법이 성공을 거두게 되었다. 그러자 사람들은 사자가 요사스러움과 사악함을 몰아내는 능력이 있다고 여기게 되어 매년 춘절이 되면 사자춤을 추게 되었다고 한다.

词	丶 讠 订 订 词 词 词
詞·cí	词 词 词

弄	一 二 于 王 丯 弄
nòng	弄 弄 弄

丢	一 二 千 壬 丢 丢
diū	丢 丢 丢

着	丷 䒑 芏 着 着
着·zháo	着 着 着

总	丶 丷 丷 䒑 总 总 总 总
總·zǒng	总 总 总

落	一 艹 艹 艹 芕 菠 落 落
là, lào, luò	落 落 落

6

咱们快进去吧。
우리 빨리 들어갑시다.

이 과의 학습포인트
1. 겸어문(兼语句)
2. 부사 '才'
3. 단순방향보어

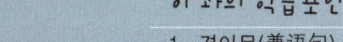

Key Expressions Track 48

我请你看电影。 제가 영화를 보여드릴게요.
我五点就出来了，路上车堵得厉害。 다섯 시에 나왔는데 길에서 차가 너무 많이 막혔어요.
咱们快进去吧。 우리 빨리 들어갑시다.

 **Step 1 : 기본회화 익히기** Track 49~54

[회화1]

金在旭: 明天你有空儿吗？
Míngtiān nǐ yǒu kòngr ma?

张　兰: 什么事儿？你说吧。
Shénme shìr? Nǐ shuō ba.

金在旭: 我请你看电影。
Wǒ qǐng nǐ kàn diànyǐng.

张　兰: 什么电影？
Shénme diànyǐng?

金在旭: 郭在容导演，全智贤、车太贤主演的《我的野蛮女友》。
Guō Zàiróng dǎoyǎn, Quán Zhìxián, Chē Tàixián zhǔyǎn de《Wǒ de yěmán nǚyǒu》.

张　兰: 太好了。惠林也请吧。
Tài hǎo le. Huìlín yě qǐng ba.

金在旭: 你不知道？因为她母亲生病，她前天回韩国去了。
Nǐ bù zhīdao? Yīnwèi tā mǔqin shēngbìng, tā qiántiān huí Hánguó qù le.

[단어]

请　qǐng　동 초청하다, 부르다
电影　diànyǐng　명 영화
郭在容　Guō Zàiróng　고유 곽재용(영화감독)
导演　dǎoyǎn　동명 감독(하다), 연출(하다)
全智贤　Quán Zhìxián　고유 전지현(영화배우)
车太贤　Chē Tàixián　고유 차태현(영화배우)
主演　zhǔyǎn　동명 주연(하다)
《我的野蛮女友》《Wǒ de yěmán nǚyǒu》　고유 엽기적인 그녀

[회화2] 金在旭: 对不起, 我来晚了。
Duìbuqǐ, wǒ láiwǎn le.

张 兰: 你怎么才来? 我等了你半天了。
Nǐ zěnme cái lái? Wǒ děng le nǐ bàntiān le.

金在旭: 我五点就出来了, 路上车堵得厉害。
Wǒ wǔ diǎn jiù chūlái le, lùshang chē dǔ de lìhai.

张 兰: 我以为你忘了呢。
Wǒ yǐwéi nǐ wàng le ne.

金在旭: 怎么会呢? 都说好了。
Zěnme huì ne? Dōu shuōhǎo le.

张 兰: 咱们快进去吧, 电影已经开演了。
Zánmen kuài jìnqù ba, diànyǐng yǐjing kāiyǎn le.

[단어]
半天 bàntiān 명 한나절, 한참 동안
堵 dǔ 동 막다
以为 yǐwéi 동 ~라고 생각하다
咱们 zánmen 대 우리
进 jìn 동 나아가다, 들어가다, 들어오다
开演 kāiyǎn 동 공연을 시작하다

TIGAO SHUIPING

■ 我等了你半天了。

여기에서 '半天'은 주관적으로 느껴지는 매우 긴 시간을 가리킨다.
① 他走了半天了。　② 我找了半天也没找到。

우리 빨리 들어갑시다. | 77

[회화3]　李主任：朴主任，今天我想请你吃顿便饭。
　　　　　　　　Piáo zhǔrèn, jīntiān wǒ xiǎng qǐng nǐ chī dùn biànfàn.

　　　　朴主任：真不巧，今晚我已经有约会了。
　　　　　　　　Zhēn bù qiǎo, jīnwǎn wǒ yǐjing yǒu yuēhuì le.

　　　　李主任：明天晚上怎么样？
　　　　　　　　Míngtiān wǎnshang zěnmeyàng?

　　　　朴主任：明天我去北京出差，实在抱歉。
　　　　　　　　Míngtiān wǒ qù Běijīng chūchāi, shízài bàoqiàn.

　　　　李主任：那等你回来我给你接风。
　　　　　　　　Nà děng nǐ huílái wǒ gěi nǐ jiēfēng.

　　　　朴主任：让你破费了，我先谢谢你。
　　　　　　　　Ràng nǐ pòfèi le, wǒ xiān xièxie nǐ.

　　　　李主任：客气什么。
　　　　　　　　Kèqi shénme.

[단어]　主任　zhǔrèn　명 주임
　　　　顿　dùn　양 끼
　　　　便饭　biànfàn　명 간단한 식사
　　　　巧　qiǎo　형 공교롭다
　　　　约会　yuēhuì　명 약속
　　　　晚上　wǎnshang　명 밤
　　　　出差　chūchāi　동·명 출장가다; 출장
　　　　接风　jiēfēng　동 환영회를 열다
　　　　让　ràng　동 (~에게) ~하게 하다
　　　　破费　pòfèi　동 (돈·시간을) 쓰다
　　　　客气　kèqi　형·동 겸손하다, 예의 차리다; 사양하다

Step 2 : 어법 포인트 콕콕 찍어주기

① 겸어문(兼语句)

서술어가 두 가지 동사로 이루어지고, 앞동사의 목적어가 뒷동사의 주어가 되는 문장을 겸어문이라 한다. 겸어문의 동사는 보통 '请', '让', '叫' 등처럼 '(~에게) ~하게 하다'의 뜻을 가진다.

① 老师请你写一下儿名字。　② 老师让他明天来学校。
③ 老师叫学生读课文。　　　④ 妈妈让我去买水果。

② 부사 '才'

부사 '才'는 일반적으로 사건의 발생이 늦거나 느림을 나타낸다. '就'와 상반된 이미로 쓰인다.

① 八点上课，他八点十分才来。
② 我八点就出门了，十点才到。
③ 老师七点就来了，学生八点才来。
④ 他昨晚八点就睡了，今早八点才起床。

---

xunlian '就'나 '才' 중 알맞은 것을 선택하여 빈칸을 채우시오.

(1) 电影七点半____开演了，你怎么八点____来？
(2) 坐飞机一个小时____到了，坐火车九个小时____能到。
(3) 她每天六点起床，今天七点半____起床。
(4) 昨天我不舒服，八点____睡觉了。
(5) 九月一号开学，他九月四号____到学校。

➕ 小时 xiǎoshí 시간 / 开学 kāixué 개학하다

3 단순방향보어

일부 동사는 뒤에 '来'나 '去'를 보어로 취하여 동작의 방향을 나타내는데, 이러한 보어를 단순방향보어라고 한다.

	上	下	进	出	回	过	起
来	上来	下来	进来	出来	回来	过来	起来
去	上去	下去	进去	出去	回去	过去	

만일 동작이 말하는 사람쪽으로 진행되면 '来'를 쓰고, 이와 반대 방향으로 진행되면 '去'를 쓴다.

① A：在旭在家吗？ ② A：李主任在楼上等你。
　 B：在，快进来吧。　　 B：我现在就上去。

단순방향보어를 가지고 있는 동사가 목적어를 가졌을 경우, 목적어는 동사와 보어 사이에 놓일 수도 있고, 혹은 보어 뒤에 놓일 수도 있다. 단, 목적어가 장소를 나타내는 단어 혹은 단어 결합이면, 그 목적어는 반드시 동사와 보어 사이에 놓아야 한다. 이 경우에는 동태조사 '了'가 쓰일 수 없으며, 동작이 이미 발생하였음을 나타내고자 할 때에는 문장 끝에 어기조사 '了'를 사용해야 한다.

① 他买来了一些水果。／他买了一些水果来。
② 他回家去了。
③ 我哥哥回韩国去了。

---

xunlian　보기에서 적당한 표현을 골라 빈칸을 채우시오.(괄호 안의 제시어를 이용할 것)

[보기]　下来　　出去　　过来　　回去　　进来

(1) 下雨了，快_____吧。(屋)
(2) 下课了，我们_____买点儿吃的。
(3) 金在旭不在，他已经_____了。(家)
(4) 你快_____，有人找你。(楼)
(5) 你快_____，车马上就出发了。

✚ 楼 lóu 층, 건물 / 楼上 lóushàng 위층, 2층 / 屋 wū 집 / 马上 mǎshàng 곧

Step 3 : 이렇게 저렇게 말해보기 (Track 55)

1

真

对不起，我来晚了。
抱歉，我忘了。
不好意思，明天我有约会。
不巧，周末我没有时间。

2

老师
英爱
在旭
朋友们

让
叫

我

回答问题。
帮她借书。
听他的磁带。
唱个歌儿。

3

A 我以为

你忘
你们不来
他生气
我错

了呢。

B 怎么会呢？

4

A 他八点半
信昨天
爸爸星期五
自行车今天

才

来。
到。
回来。
修好。

B 怎么这么晚呢？

✚ 不好意思 bùhǎoyìsi 부끄럽다, 난처하다 / 回答 huídá 대답하다 / 问题 wèntí 질문, 문제 / 磁带 cídài 카세트테이프 / 生气 shēngqì 화를 내다

5

	他五点		起床
	电影九点半	就	开演	了。
	王明昨天		到北京
	他们今天上午		回国

6

Ⓐ 林老师在 |楼上/楼下/屋里/外面| 等你，快 |上去/下来/进去/出来| 吧。

Ⓑ 我就 |上/下/进/出| 去。

7

咱们 |快进去/出去玩儿/回家去/上楼去看看| 吧。

● 楼下 lóuxià 1층, 아래층

Step 4 : 중국어 실력 쑥쑥 키우기 Track 56

1 녹음을 듣고, 각 녹음 내용과 일치하는 그림을 찾으시오.

(1) _____ (2) _____ (3) _____ (4) _____

ⓐ

ⓑ

ⓒ

ⓓ

2 다음 대화에서 한어병음으로 쓰인 부분을 중국어로 옮기시오.

(1) A : 你_____？　我等了你半天了。
　　　　　zěnme cái lái

　　B : 我五点_____, 路上_____。
　　　　　　　　jiù chūlái le　　　　　chē dǔ de lìhai

　　A : 我_____。 咱们_____吧, 电影已经开演了。
　　　　　yǐwéi nǐ wàng le ne　　　kuài jìnqù

(2) A : 明天我_____。
　　　　　　　　qù Běijīng chūchāi

　　B : 那等你回来我_____。
　　　　　　　　　　　gěi nǐ jiēfēng

　　A : _____, 我先谢谢你。
　　　　Ràng nǐ pòfèi le

　　B : _____。
　　　　kèqi shénme

3 다음은 가장 빈번하게 쓰이는 '동사+단순방향보어' 형식을 그림으로 표현한 것이다. 각 그림에 알맞는 표현을 보기에서 골라 써 넣으시오. (를 기준으로 볼 것)

[보기]	上来	上去	进来	进去	回来	回去
	下来	下去	出来	出去	过来	过去

(1)　　　　　　　　　　　　　　(2)

_____ / _____　　　　　_____ / _____

(3)　　　　　　　　　　　　　　(4)

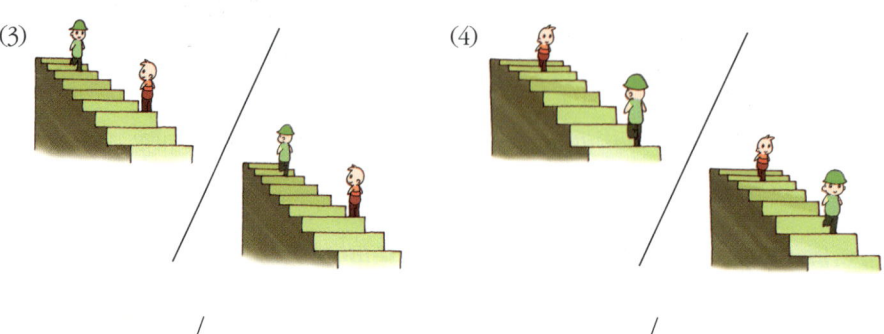

_____ / _____　　　　　_____ / _____

(5)　　　　　　　　　　　　　　(6)

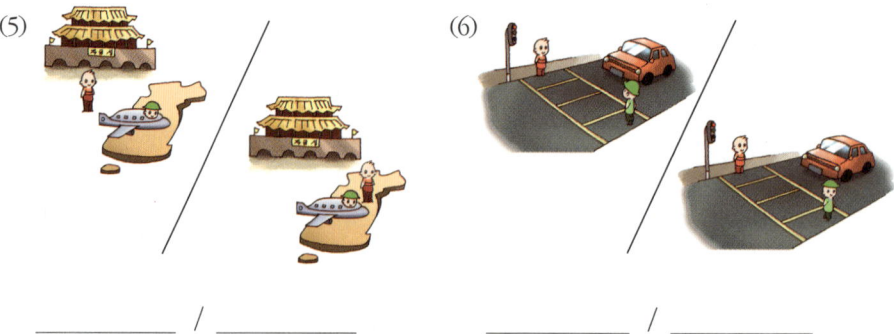

_____ / _____　　　　　_____ / _____

● 《甜蜜蜜》〈Tiánmìmì〉 첨밀밀(영화제목)

4 다음을 중작하시오.

(1) 너 일요일에 시간 있니?
⋯▶ _____

(2) 당신에게 저녁 식사를 대접하고 싶습니다.
⋯▶ _____

(3) 내일 난 이미 약속이 있어.
⋯▶ _____

(4) 그는 내가 한참 설명하고 나서야 겨우 알아들었다.
⋯▶ _____

(5) 변명하지 말아요.
⋯▶ _____

(6) 난 네가 돌아오지 않을 거라고 생각했어.
⋯▶ _____

5 다음 상황을 근거로 대화를 나누시오.

A가 B에게 내일 저녁에 영화 《첨밀밀》을 보여주기로 한다. 7시에 영화관 입구에서 만나기로 약속한다.

> 제시어 ▷▷ 有空儿   什么事   《甜蜜蜜》   几点的   在……见   不见不散

발음클리닉

Xìsī sì chǐ sì, cūsī shísì chǐ,
sì chǐ sì de xìsī, yào huàn shísì chǐ de cūsī,
shísì chǐ de cūsī, yào huàn sì chǐ sì de xìsī.

중국의 길상의 상징 - 사령(四靈)

중국은 예로부터 기린과 봉황, 거북, 용을 신령스러운 동물로 여겨왔다. 그리하여 이들을 네 가지 신령스러운 동물이라는 의미에서 '사령(四靈)'이라고 부르고 상서롭게 생각하였는데, 이 중 거북을 제외한 세 동물은 모두 상상속의 동물이다.

■ 기린(麒)

기린은 몸은 사슴 같고, 온 몸에 비늘이 있으며, 머리에는 뿔 하나가 있고, 발은 말발굽 모양에 소의 꼬리를 가진 전설속의 동물로, 중국인들은 이를 태평성대의 상징으로 보았다. 그래서 고궁이나 이화원 등 황제가 거주했던 곳에서는 모두 기린의 석상이나 동상을 볼 수 있다. 황제뿐 아니라 일반인들도 기린을 숭상하였는데, 기린이 아들을 보내준다는 전설이 있어, 중국인들은 기린 형상의 기념품으로 귀한 자손이 빨리 생기고 집안이 번창하기를 축원했다.

■ 봉황(凤)

봉황은 많은 조수의 특징을 종합하여 상상해 낸 상서로운 동물로, 머리 꼭대기에는 아름다운 우관(羽冠)을 쓰고 있고 몸은 오색찬란한 털로 뒤덮혀 있다. 봉황은 중국 전설상의 새들의 왕으로, 상서로움과 태평함, 깨끗한 정치, 황제의 권력과 존엄성 등을 상징한다. 그래서 봉관(凤冠), 봉거(凤车) 등 봉황의 이름을 딴 물건들은 모두 황실에서만 사용하였다. 근래에는 봉황이 민간에서도 길상의 상징으로 쓰이고 있는데, 특히 중국의 전통혼례에서는 봉황을 신부의 예복과 머리장식에 써 상서로움과 경사를 나타낸다.

■ 거북(龟)

거북은 사령 중 유일하게 현실세계에 존재하는 동물이다. 고대에는 중대한 행사를 거행하기 전에 무당이 달군 쇠로 거북 등껍데기에 구멍을 뚫고 그 갈라진 모양으로 길흉을 점쳤다고 한다. 그래서 거북은 건강과 장수의 상징이자 미래를 예견할 수 있는 예지자의 상징이었다. 역대 황제들은 황궁이나 능묘 안에 거북을 돌이나 동으로 주조해 놓았는데, 이는 국운이 오래가기를 기원하는 의미였다.

■ 용(龙)

용은 중국에서 가장 상서롭고 신령한 동물이다. 소머리에 사슴뿔, 독수리 발톱, 뱀의 몸에 사자꼬리를 가진 용은 온 몸이 비늘에 덮여 있는데, 땅과 하늘, 물속에서 자유롭게 다닐 수 있는 신비한 동물이다. 황제들은 용을 권력과 존엄의 상징으로 삼았고, 일반 백성들은 이를 미덕과 힘의 화신으로 여겼다. 그래서 황궁의 여기저기에서 용의 형상과 문양을 볼 수 있을 뿐만 아니라, 민간에서도 용춤과 용선경기 등 용을 이용한 다양한 풍속이 현재까지 계속되고 있다.

导 導 · dǎo	ㄱㄱ 彐 曰 导 导
	导 导 导

演 yǎn	氵 沪 汇 浐 渖 演 演
	演 演 演

贤 賢 · xián	丨 匚 ㄣ 肾 肾 贤
	贤 贤 贤

蛮 蠻 · mán	亠 亦 峦 峦 蛮 蛮
	蛮 蛮 蛮

堵 堵 · dǔ	一 十 土 圹 垆 垆 堵 堵
	堵 堵 堵

咱 zán	丨 口 口 叭 咱 咱
	咱 咱 咱

进 jìn	一 二 キ 井 井 进
	进 进 进

顿 dùn	一 匸 口 屯 吨 顿 顿
	顿 顿 顿

巧 qiǎo	一 丁 工 丂 巧
	巧 巧 巧

约 yuē	㇀ 乞 纟 纟 纩 约 约
	约 约 约

让 ràng	` 讠 计 让 让
	让 让 让

费 fèi	一 二 三 弓 弗 弗 费 费
	费 费 费

7

你都有些什么爱好？
당신은 어떤 취미들을 갖고 있습니까?

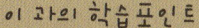

이 과의 학습포인트
1. 취미에 대해 표현하기
2. 除了……以外
3. 의문의 어조에 의해 이루어지는 의문문
4. 一……就

Key Expressions Track 57

你都有些什么爱好？　당신은 어떤 취미들을 갖고 있습니까?
一下课就去运动场了。　수업이 끝나자마자 운동장에 갔습니다.
我对打球不太感兴趣，我是个歌迷。　전 구기경기에 관심이 별로 없습니다. 전 대중음악팬입니다.

 **Step 1 :** 기본회화 익히기 Track 58~63

[회화1] 王　明： 听说你对中国画很感兴趣。
　　　　　　　Tīngshuō nǐ duì Zhōngguó huà hěn gǎn xìngqù.

　　　　李英爱： 是啊。这是我最近画的一幅画。
　　　　　　　Shì a. Zhè shì wǒ zuìjìn huà de yì fú huà.

　　　　王　明： 真不错。除了中国画以外，你还有什么爱好？
　　　　　　　Zhēn búcuò. Chúle Zhōngguó huà yǐwài, nǐ háiyǒu shénme àihào?

　　　　李英爱： 我还喜欢唱歌、听音乐什么的。
　　　　　　　Wǒ hái xǐhuan chàng gē、tīng yīnyuè shénme de.

　　　　王　明： 没想到你的爱好这么广泛。
　　　　　　　Méi xiǎngdào nǐ de àihào zhème guǎngfàn.

[단어]　画　huà　명동　그림; 그리다
　　　　幅　fú　양　폭(그림 등을 세는 양사)
　　　　除了……以外　chúle……yǐwài　~이외에도, ~이외에는
　　　　爱好　àihào　명　취미
　　　　唱　chàng　동　노래하다
　　　　歌　gē　명　노래
　　　　听　tīng　동　듣다
　　　　音乐　yīnyuè　명　음악
　　　　这么　zhème　대　이렇게
　　　　广泛　guǎngfàn　형　폭넓다, 광범위하다

 TIGAO SHUIPING

■ 没想到你的爱好这么广泛。

'这么+형용사/동사'는 정도를 나타내는 데 쓰인다. 보통 앞에 비교되는 사물이 놓이지만, 때로 비교되는 사물이 없이 쓰여 어느 정도 과장된 느낌을 주는 역할을 한다.
　① A : 今天这么热。　　　　　　② A : 你汉语说得这么好。
　　 B : 可不是.　　　　　　　　　　　B : 哪里, 还差得远呢。

90 | 제7과

[회화2] 尹惠林： 怎么？你同屋又去踢球了？
Zěnme? Nǐ tóngwū yòu qù tīqiú le?

大 卫： 可不是。一下课就去运动场了。
Kěbushì. Yí xiàkè jiù qù yùndòngchǎng le.

尹惠林： 除了足球，他还会打什么球？
Chúle zúqiú, tā hái huì dǎ shénme qiú?

大 卫： 除了乒乓球以外，他都打得很好。
Chúle pīngpāngqiú yǐwài, tā dōu dǎ de hěn hǎo.

尹惠林： 你对打球不感兴趣？
Nǐ duì dǎ qiú bù gǎn xìngqù?

大 卫： 不太感兴趣，我是个歌迷。
Bú tài gǎn xìngqù, wǒ shì ge gēmí.

[단어] 同屋　tóngwū　명 룸메이트
踢　tī　동 (공을) 차다, (축구 등을) 하다
球　qiú　명 공
下课　xiàkè　수업이 끝나다
运动场　yùndòngchǎng　명 운동장
足球　zúqiú　명 축구, 축구공
打　dǎ　동 (놀이, 운동 등을) 하다
乒乓球　pīngpāngqiú　명 탁구
迷　mí　접미 ~광(狂), 애호가

TIGAO SHUIPING

■ 我是个歌迷。

'迷'는 '球迷(축구팬, 농구팬 등)', '影迷(영화광)', '歌迷(대중음악팬)' 등에서 알 수 있듯이, 명사 뒤에 붙어 어떤 것에 심취해 있는 사람을 나타낸다.

[회화3]　王　明：你都有些什么爱好？
　　　　　　　　Nǐ dōu yǒu xiē shénme àihào?

　　　　　尹惠林：什么唱歌、听音乐、踢球我都喜欢，但我更喜欢
　　　　　　　　Shénme chàng gē、tīng yīnyuè、tīqiú wǒ dōu xǐhuan, dàn wǒ gèng xǐhuan

　　　　　　　　下围棋。
　　　　　　　　xià wéiqí.

　　　　　王　明：最近我也迷上了围棋，一看见围棋就手痒。
　　　　　　　　Zuìjìn wǒ yě míshàng le wéiqí, yí kànjiàn wéiqí jiù shǒuyǎng.

　　　　　尹惠林：那我们现在就下一盘。
　　　　　　　　Nà wǒmen xiànzài jiù xià yì pán.

　　　　　王　明：来吧，输了请客。
　　　　　　　　Lái ba, shū le qǐng kè.

　　　　　尹惠林：恐怕最后请客的是你。
　　　　　　　　Kǒngpà zuìhòu qǐng kè de shì nǐ.

[단어]　些　　xiē　양 (확정적이지 않은 적은 수량을 나타내는 양사)
　　　　更　　gèng　부 더욱　　　　　　　下　　xià　동 (바둑 등을) 두다
　　　　围棋　wéiqí　명 바둑　　　　　　手痒　shǒuyǎng　형 손이 근질근질하다
　　　　盘　　pán　양 판　　　　　　　　输　　shū　동 지다
　　　　恐怕　kǒngpà　부 아마 ~일 것이다　最后　zuìhòu　부 마지막

TIGAO SHUIPING

■ 恐怕最后请客的是你。

부사 '恐怕'는 어떤 상황의 발생을 추측하거나, 혹은 미리 짐작하여 걱정함을 나타낸다. '恐怕'는 주어 앞에 놓을 수도 있고, 주어 뒤에 놓을 수도 있다.

① A：你明天能去吗？　　　　② A：明天天气怎么样？
　 B：我恐怕不能去。　　　　　 B：恐怕明天会下雨。

Step 2 : 어법 포인트 콕콕 찍어주기

① 除了……以外

(1) '~이외에도'라는 의미로, 언급한 것 이외에 또 다른 것이 있음을 나타낸다. 보통 뒤에 '还', '也' 등이 와서 호응한다. '以外'는 생략이 가능하다.

　① 他除了去北京以外，还去上海。
　② 除了小王以外，小李也会说汉语。
　③ 除了英语，他还会说汉语。

(2) '~이외에는'이라는 의미로, 언급한 사람 혹은 사물이 포함되지 않음을 나타낸다. 보통 뒤에 '都'가 와서 호응한다.

　① 除了老师以外，我们都是韩国人。(老师不是韩国人)
　② 除了香菜以外，我都吃。(不吃香菜)
　③ 除了足球，别的球都喜欢。(不喜欢足球)
　④ 除了星期六、星期天，我都有事儿。(星期六、星期天没事)

---

xùnliàn '除了……以外'를 이용하여 다음 문장을 고쳐보시오.

(1) 桌子上有词典、铅笔和一张照片。
→ _____。

(2) 昨天晚上他吃了拉面、泡菜和一点儿水果。
→ _____。

(3) 今天只有丽丽没来上课。
→ _____。

(4) 他们班只有金在旭喜欢下围棋。
→ _____。

➕ 只有 zhǐyǒu 단지 ~만

2 의문의 어조에 의해 이루어지는 의문문

중국어의 평서문을 상승의 어조로 읽으면 의문문을 만들 수 있다.

① A：他正在打球？
　 B：对。

② A：你对音乐不感兴趣？
　 B：对，我是个影迷。

3 一……就

'一……就'는 두 사건 혹은 동작이 잇달아 발생함을 의미한다.

① 他一吃完饭就走了。　　② 他们一回来就睡觉了。

때때로 '一……就'의 앞절은 조건을, 뒷절은 결과를 나타내기도 한다.

③ 他一看书就头疼。　　④ 她一玩电脑就忘了时间。

xunlian 그림을 보고 '一……就'를 이용하여 다음 문장을 완성하시오.

(1) 他一下课_____。

(2) 她一做完作业_____。

(3) _____脸就红。

(4) 他们一玩电脑_____。

○ 脸 liǎn 얼굴

Step 3 : 주요 표현 & 어휘 따라잡기 Track 64

■ 취미생활을 나타내는 다음 표현들을 익혀두세요.

등산(하다)	수영(을 하다)	화초재배(를 하다)
爬山 · páshān	游泳 · yóuyǒng	养花 · yǎng huā

십자수		장기(혹은 바둑)을 두다
十字绣 shízixiù		下棋 · xià qí

피아노를 치다		낚시를 하다
弹钢琴 tán gāngqín		钓鱼 diào yú

스키(를 타다)	스케이트(를 타다)	인라인을 타다
滑雪 · huáxuě	滑冰 · huábīng	滑轮滑 · huá lúnhuá

■ 각 구기경기의 명칭을 익혀두세요.

농구	골프	당구	테니스
篮球 lánqiú	高尔夫球 gāo'ěrfūqiú	台球 táiqiú	网球 wǎngqiú

당신은 어떤 취미들을 갖고 있습니까? | 95

Step 4 : 이렇게 저렇게 말해보기 Track 65

1 A 你有什么爱好？

   B 我 喜欢 / 爱好 唱歌、踢球 / 画画儿、弹钢琴 / 爬山、游泳 / 滑冰、滑轮滑 什么的。

2 A 你的爱好是什么？

   B 我的爱好是 打篮球。 / 钓鱼。 / 下棋。 / 十字绣。

3 没想到 你汉语说得 / 你高尔夫球打得 / 中国人口 / 找工作 / 这件事 这么 好。 / 好。 / 多。 / 难。 / 容易。

4 除了 中国画 / 书 / 篮球 / 王明 以外， 我还喜欢唱歌。 / 桌子上还有词典。 / 我还喜欢台球。 / 别的同学都不会做。

5　除了 { 老师 / 台球 / 汉语 / 钓鱼 } 以外，都 { 去了。/ 喜欢。/ 不会说。/ 不喜欢。 }

6　我是一个 { 棋 / 影 / 球 / 歌 } 迷，一 { 看见围棋 / 看电影 / 有比赛 / 进商店 } 就 { 手痒。/ 忘了吃饭。/ 去看。/ 买唱片。 }

7　他一 { 下课 / 放学 / 躺下 / 看见我 / 听 } 就 { 去运动场 / 回家 / 睡着 / 生气 / 懂 } 了。

➕ 唱片 chàngpiàn 음반, 레코드 / 躺 tǎng 눕다

Step 5 : 중국어 실력 쑥쑥 키우기 Track 66

1 녹음을 듣고, 녹음 중에 언급되지 않은 그림을 고르시오.

(1) ⓐ  ⓑ  ⓒ

(2) ⓐ  ⓑ  ⓒ

(3) ⓐ  ⓑ  ⓒ

2 본문에서 배운 표현을 이용하여 다음 대화를 완성하시오.

(1) A : 听说你对中国歌很感兴趣？

　　B : _____, 最近我每天听中国歌。

　　A : 除了听音乐以外, _____？

　　B : 我还喜欢_____。

(2) A : 你都有什么爱好？

　　B : _____什么的。

　　A : 我也是个球迷, _____。（一……就……）

　　B : 那我们今天晚上一起去看球赛吧。

3 다음 중 적당한 표현을 골라 각 대화를 완성하시오.

> 제시어 » 这么　　　除了……以外，都　　　一……就……
> 　　　　恐怕　　　除了……以外，还　　　……迷

(1) A : 今天天气怎么样？
　　B : ＿＿＿＿＿＿＿＿，＿＿＿＿＿＿＿＿＿＿。（阴、下雨）

(2) A : 你为什么不喝咖啡？
　　B : ＿＿＿＿＿＿＿＿＿＿＿＿＿＿＿＿。（睡觉）

(3) A : ＿＿＿＿＿＿＿＿＿＿＿＿＿＿＿？（乒乓球）
　　B : 我还喜欢足球、篮球什么的。

(4) A : 没想到＿＿＿＿＿＿＿＿＿＿＿。（汉语）
　　B : 难什么。

(5) A : 你对画画儿感不感兴趣？
　　B : ＿＿＿＿＿＿＿＿＿＿＿＿＿＿＿。（球）

(6) A : 学生们都来了吗？
　　B : ＿＿＿＿＿＿＿＿＿＿＿＿＿＿＿＿＿。（惠林一个人来）

4 이 과에서 배운 표현들을 이용하여, 서로의 취미에 대해 대화를 나누시오.

발음클리닉

Hóngmǎ tuózhe xiǎo báiwá, báimǎ tuózhe xiǎo hóngwá,
hóngwá qízhe báimǎ cuī hóngmǎ, báiwá qízhe hóngmǎ zhuī báimǎ
liǎng pǐ mǎr zhuīzhe pǎo, liǎng ge wáwa lèhāhā.

중국 문화 읽기

중국인의 여가 활동에 대하여 - 태극권, 사교댄스

태극권(太极拳)

중국에서 아침 일찍 일어나 공원이나 공터에 나가 보면 아주 느린 동작으로 원을 그려가며 태극권을 수련하는 중국인들을 만나 볼 수 있다.

권술(拳术)의 일종인 태극권은 명(明)말에 허난성(河南省)의 천왕팅(陈王庭)에 의해 개발된 것으로 전해지며 이후 여러 세대를 거치면서 진식(陈式), 양식(杨式), 손식(孙式), 오식(吴式), 무식(武式)의 전통 5대 유파로 나뉘어졌다. 진식 태극권은 무술적인 요소가 많이 포함되어 있는 반면 양식 태극권은 진식 태극권을 개량하여 건강 체조라는 놀이의 일종으로 변했기 때문에 가장 유행하는 태극권으로 전파되었다.

태극권에는 무리한 동작이 전혀 없으며 느린 동작과 호흡방법이 결합되어 있어 체력단련과 더불어 기공 훈련을 할 수 있다. 최근에는 병을 치료하고 건강 장수법에 효과가 있는 것으로 알려지면서 세계적으로 유명한 운동으로 발전하고 있다.

중국에서는 태극권을 국민운동으로 장려하고 있어, 남녀노소 · 시간 · 장소에 구애받지 않고 자유롭게 태극권을 즐긴다.

사교댄스(社交舞)

아침 저녁으로 산책을 하다 보면 운동장이나 공터 등지에서 테이프를 틀어 놓고 남녀가 짝을 이뤄 춤에 흠뻑 빠져 있는 모습을 자주 볼 수 있다. 이런 모습은 춤을 퇴폐적인 것으로 간주하는 우리와는 사뭇 다른 분위기이다.

사교댄스가 중국에 전해진 것은 1920년대로, 번화했던 상하이에서 상류사회를 중심으로 가장 유행했다. 중국 정부 수립 이후에는 국가차원에서 사교댄스의 대중화에 앞장서 학교에서 의무적으로 춤을 가르치기도 했다. 특히 80년대 이후에는 대중적인 놀이 문화로 정착되어, 공원, 공터, 교내 등지에서 춤을 추고 있는 커플들을 자주 볼 수 있게 되었다.

중국도 우리처럼 전문적인 무도장이 있기는 하지만 대부분의 사람들은 거주지 주변의 공간에서 춤을 즐긴다. 대학의 경우에는 교내식당 등을 임시 단장하여 학생과 교직원들에게 춤을 출 수 있는 공간을 제공하기도 한다.

更 gèng	一 ア ア 万 百 更 更
	更 更 更

围 圍·wéi	丨 冂 冂 円 冃 同 围 围
	围 围 围

痒 yǎng	丶 亠 广 疒 疒 痒 痒
	痒 痒 痒

盘 盤·pán	丿 ア 力 舟 舟 舟 盘 盘
	盘 盘 盘

输 輸·shū	一 ナ 亡 车 车 轮 轮 输 输
	输 输 输

怕 pà	丶 丶 忄 忄 忄 怕 怕 怕
	怕 怕 怕

8

你去过北京吗？
당신은 베이징에 가본 적이 있습니까?

이 과의 학습포인트
1. 과거의 경험을 표현하는 방법
2. 동태조사 '过'
3. 동량보어

Key Expressions — Track 67

你去过北京吗? 당신은 베이징에 가본 적이 있습니까?
除了长城外，我还去过颐和园、十三陵什么的。 장성뿐 아니라 나는 이화원과 십삼릉 등에도 가보았습니다.
我还从来没学过中国歌呢。 나는 아직까지 중국 노래를 배워본 적이 없습니다.

Step 1 : 기본회화 익히기　Track 68~73

[회화1]　马丽丽：你去过北京吗？
　　　　　　　　Nǐ qù guo Běijīng ma?

　　　　　金在旭：去过。
　　　　　　　　Qù guo.

　　　　　马丽丽：你是什么时候去的？
　　　　　　　　Nǐ shì shénme shíhou qù de?

　　　　　金在旭：我是去年暑假去的。
　　　　　　　　Wǒ shì qùnián shǔjià qù de.

　　　　　马丽丽：你是跟谁一起去的？
　　　　　　　　Nǐ shì gēn shéi yìqǐ qù de?

　　　　　金在旭：我是和同事一起去的。
　　　　　　　　Wǒ shì hé tóngshì yìqǐ qù de.

　　　　　马丽丽：你们都去过哪些地方？
　　　　　　　　Nǐmen dōu qù guo nǎxiē dìfang?

　　　　　金在旭：除了长城、故宫外，还去过颐和园、十三陵什么
　　　　　　　　Chúle Chángchéng、Gùgōng wài, hái qù guo Yíhéyuán、Shísānlíng shénme

　　　　　　　　的。
　　　　　　　　de.

[단어]　过　guo　조　~한 적이 있다　　　暑假　shǔjià　명　여름 방학, 여름 휴가
　　　　跟　gēn　개　~와　　　　　　　一起　yìqǐ　부　함께
　　　　同事　tóngshì　명　동료　　　　长城　Chángchéng　고유　만리장성
　　　　颐和园　Yíhéyuán　고유　이화원　十三陵　Shísānlíng　고유　십삼릉

104 | 제8과

[회화2] 王　明 : 你吃没吃过北京烤鸭？
　　　　　　　　Nǐ chī méi chī guo Běijīng kǎoyā?

　　　　李英爱 : 吃过两次。
　　　　　　　　Chī guo liǎng cì.

　　　　王　明 : 在哪儿吃的？
　　　　　　　　Zài nǎr chī de?

　　　　李英爱 : 一次是在韩国吃的，一次是在北京"全聚德"吃的。
　　　　　　　　Yícì shì zài Hánguó chī de, yícì shì zài Běijīng "Quánjùdé" chī de.

　　　　王　明 : 北京"全聚德"是正宗的烤鸭店。
　　　　　　　　Běijīng "Quánjùdé" shì zhèngzōng de kǎoyādiàn.

　　　　李英爱 : 嗯，味道就是地道。
　　　　　　　　Ǹg, wèidao jiùshì dìdao.

[단어]　烤鸭　　kǎoyā　　명 통오리구이
　　　　全聚德　Quánjùdé　고유 취엔쮜더
　　　　正宗　　zhèngzōng　형 정통의
　　　　嗯　　　ǹg　조 응! 아!
　　　　地道　　dìdao　형 알찬, 진짜의, 본고장의

[회화3] 大　卫：你学过中国歌没有？
　　　　　　　Nǐ xué guo Zhōngguó gē méiyǒu?

尹惠林：学过几首。
　　　　Xué guo jǐ shǒu.

大　卫：我来中国快一年了，还从来没学过中国歌呢。
　　　　Wǒ lái Zhōngguó kuài yìnián le, hái cónglái méi xué guo Zhōngguó gē ne.

尹惠林：我教你唱《甜蜜蜜》怎么样？中国人差不多都会
　　　　Wǒ jiāo nǐ chàng 《Tiánmìmì》 zěnmeyàng? Zhōngguórén chàbuduō dōu huì

唱。
chàng.

大　卫：好不好学？
　　　　Hǎo bu hǎo xué?

尹惠林：我教你两遍你就会唱了。
　　　　Wǒ jiāo nǐ liǎng biàn nǐ jiù huì chàng le.

[단어]　首　shǒu　양　곡, 가락(노래, 시 등을 세는 양사)
　　　　教　jiāo　동　가르치다
　　　　《甜蜜蜜》《Tiánmìmì》 고유　첨밀밀(노래제목)
　　　　差不多　chàbuduō　부　거의
　　　　遍　biàn　양　번(동작의 횟수를 세는 양사)

Step 2 : 어법 포인트 콕콕 찍어주기

1 동태조사 '过'

'동사+过'는 어떤 동작이 이미 발생했음을 나타내며, 일반적으로 어떤 경험이 있음을 강조하는 역할을 한다. 부정문은 '没+동사+过(+목적어)'이고, 정반의문문은 '동사+过(+목적어+)没有' 혹은 '동사+没+동사+过(+목적어)'이다. 연동문에 쓰일 경우 '过'는 뒤에 오는 동사의 뒤에 놓인다.

긍정형	부정형	정반의문문
我吃过饭。	我没吃过饭。	你吃没吃过饭？
		你吃过饭没有？
他昨天去你家找过你。	他昨天没去你家找过你。	他昨天去没去你家找过你？
		他昨天去你家找过你没有？
我们以前见过面。	我们以前没见过面。	我们以前见没见过面？
		我们以前见过面没有？

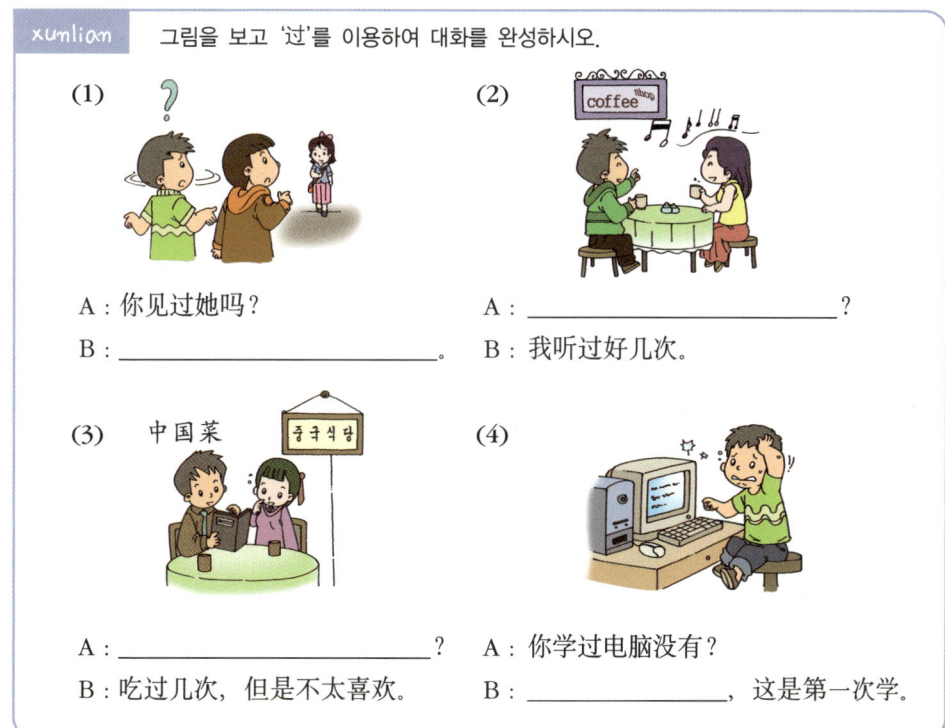

xunlian 그림을 보고 '过'를 이용하여 대화를 완성하시오.

(1) A : 你见过她吗？
B : _____。

(2) A : _____？
B : 我听过好几次。

(3) A : _____？
B : 吃过几次，但是不太喜欢。

(4) A : 你学过电脑没有？
B : _____，这是第一次学。

당신은 베이징에 가본 적이 있습니까? | 107

2 동량보어

중국어에서 동작이 일어난 횟수를 나타내고자 할 때에는 수사와 양사를 결합하여 동사뒤에 놓는데, 이를 동량보어라 한다. 동량보어에 자주 쓰이는 양사로 '次', '遍' 등이 있다. '次'와 '遍'은 용법이 비슷한데, 단 '遍'은 한 동작의 시작부터 끝까지의 과정을 강조한다. 동사의 목적어가 명사일 때에는 동량보어를 목적어 앞에 놓고, 목적어가 대명사일 때에는 동량보어를 목적어 뒤에 놓는다.

① 我去过三次。(목적어가 없는 경우)
② 我听了四遍录音。(목적어가 일반명사인 경우)
③ 我找过你三次。(목적어가 대명사인 경우)
④ 我告诉他好几遍。(목적어가 대명사인 경우)

> **xunlian**   '次'와 '遍' 중 알맞은 것을 선택하여 빈칸을 채우시오.
>
> (1) 我去过两____济州道。
>
> (2) 这本小说我看过两____。
>
> (3) 请你再说一____，我没听清楚。
>
> (4) 我一个星期给妈妈打两____电话。
>
> (5) 我们毕业后只见过一____面。

○ 录音 lùyīn 녹음(하다) / 济州道 Jìzhōudào 제주도 / 清楚 qīngchu 분명하다 / 毕业 bìyè 졸업하다

 **Step 3 : 이렇게 저렇게 말해보기** Track 74

1
A 你是 什么时候 / 跟谁一起 / 怎么 去的北京？

B 我是 去年三月 / 跟女朋友一起 / 坐飞机 去的。

2
A 你们 去过中国 / 吃过烤鸭 / 学过汉语 / 以前见过面 没有？

B 去过两次。
吃过。
没学过。
没见过面。

3
A 你 看/听/去/试 没 看/听/去/试 过 这本书？
这盘磁带？
他家？
这件衣服？

B 看/听/去/试 过 一遍。
一次。

4

A 你 [看/去参加/想] 过 [中国电影/东京/HSK考试/这个问题] 吗？

B 我还从来没 [看/去参加/想] 过呢。

5

你 [学/听/写] 一遍就 [会唱/懂/记住] 了。

6

[中国人/这些人我/这些地方我/你说的我] 差不多都 [会唱。/认识。/去过。/听懂了。]

➕ 参加 cānjiā 참가하다

 **Step 4 : 중국어 실력 쑥쑥 키우기** Track 75

1 녹음을 듣고, 각 녹음 내용과 일치하는 그림을 찾으시오.

(1) _____ (2) _____ (3) _____ (4) _____

ⓐ  ⓑ

ⓒ  ⓓ

2 본문에서 배운 표현을 이용하여 다음을 중작하시오.

(1) 나는 이 책을 두 번 읽어 보았다.

⋯▶ _____

(2) 나는 아직까지 컴퓨터를 배워본 적이 없다.

⋯▶ _____

(3) 이 요리는 맛이 아주 제대로인데요.

⋯▶ _____

(4) 내가 중국에 온 지 곧 2년이 되어가는데, 아직까지 장성에 가본 적이 없다.

⋯▶ _____

3 다음 그림을 보고 보기를 응용하여 대화를 나누시오.

> [보기] A : 你去过北京吗？
> B : 去过。
> A : 你都去过哪些地方？
> B : 除了长城、故宫外，还去过颐和园、十三陵什么的。

(1) 제시어 » 学／外语

日语、英语、汉语

(2) 제시어 » 学／电脑

打字、
上网、
发电子邮件

(3) 제시어 » 吃／韩国菜

烤肉、
泡菜、
参鸡汤

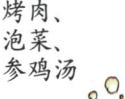

(4) 제시어 » 吃／中国菜

北京烤鸭、
火锅、
红烧肉

(5) 제시어 » 看／中国电影

甜蜜蜜、卧虎藏龙、英雄

(6) 제시어 » 去／中国

西安、上海、洛阳

✚ 参鸡汤 shēnjītāng 삼계탕 ／ 火锅 huǒguō 훠궈(요리명) ／ 红烧肉 hóngshāoròu 훙사오러우(요리명) ／ 卧虎藏龙 Wò Hǔ Cáng Lóng 와호장룡(영화제목) ／ 英雄 Yīngxióng 영웅(영화제목) ／ 洛阳 Luòyáng 뤄양

(7) 제시어 ≫ 去 / 上海

外滩、豫园、东方明珠

(8) 제시어 ≫ 去 / 济州道

汉拿山、正房瀑布、
城山日出峰、中文观光区

4 본문에서 배운 표현을 이용하여 옆사람과 여행경험에 대해 대화를 나누시오.

제시어 ≫ 去过　　什么时候　　跟……一起　　除了……以外
　　　　还从来没有……　　差不多都……

● 外滩 Wàitān 와이탄 / 豫园 Yùyuán 위위엔(상하이의 정원이름) / 东方明珠 Dōngfāngmíngzhū 동방명주(방송탑) / 汉拿山 Hànná Shān 한라산 / 正房瀑布 Zhèngfáng Pùbù 정방폭포 / 城山日出峰 Chéngshān Rìchūfēng 성산일출봉 / 中文观光区 Zhōngwén Guānguāngqū 중문관광단지

발음클리닉

Nán yǎnyuán chuān lán zhìfu, nǚ yǎnyuán chuān mián zhìfu,
lán zhìfu shì mián zhìfu, mián zhìfu shì lán zhìfu.
Nán yǎnyuán chuān lán mián zhìfu, nǚ yǎnyuán chuān mián lán zhìfu.

당신은 베이징에 가본 적이 있습니까?

중국의 언어-보통화(普通话)와 방언(方言)에 대하여

현대 중국어는 한족의 언어로, 여기에는 표준어와 여러 종류의 방언이 포함되어 있다.

땅이 넓고 인구도 많은 중국은 비록 같은 언어를 사용한다고 해도 각 지역의 방언은 방언마다 독특한 발음, 단어, 문법 등이 있어 외국어처럼 서로 의사소통이 되지 않는다. 결국 방언 사이의 심한 차이는 국민통합과 경제발전에 심각한 장애가 되어 왔다.

이런 장애를 극복하고 국민통합을 이루기 위해 공통의 언어를 제정하게 되었는데, 이것이 보통화이다. 보통화란 현재 우리가 배우고 있는 중국어로, 중국인의 공통 표준어라 할 수 있다. 보통화는 베이징 발음을 표준음으로 하고 전형적인 현대백화문을 문법의 기준으로 삼아 제정되었는데, 여러 지역과 민족들의 문화 및 경제 교류에 편리함을 제공하고 있다. 특히 1949년 중화인민공화국이 수립되면서 중국 정부는 보통화의 보급을 강력히 추진하면서 중국인들에게 보통화를 배울 것을 장려하고 있다.

중국의 방언을 크게 분류하면 베이징화(北京话)를 중심으로 둥베이(东北), 시베이(西北) 등지에서 통용되는 북방방언(北方方言), 상하이화(上海话)를 중심으로 쟝쑤(江苏), 저쟝(浙江) 등지에서 통용되는 오방언(吴方言), 창사화(长沙话)를 중심으로 후난(湖南) 지역에서 통용되는 상방언(湘方言), 난창화(南昌话)를 중심으로 중국의 쟝시(江西)와 후베이(湖北) 동남부에서 통용되는 감방언(赣方言), 광둥(广东) 지역을 중심으로 푸지엔(福建) 등에서 통용되는 객가방언(客家方言), 하이난(海南), 타이완(台湾)에서 통용되는 민방언(闽方言), 홍콩(香港), 마카오(澳门) 등에서 통용되는 월방언(粤方言) 등 총 일곱 종류의 방언으로 나눌 수 있다.

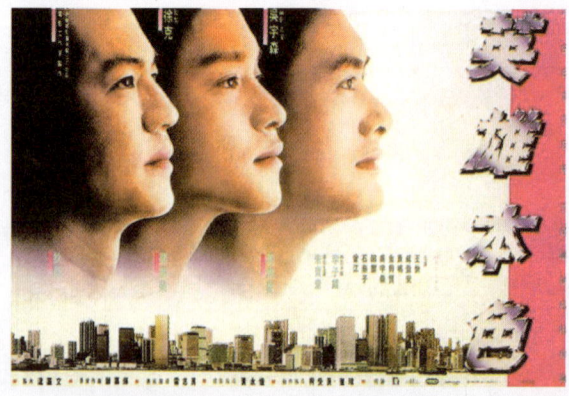

국내에서도 큰 인기를 끌었던 홍콩영화 『영웅본색』은 월방언(粤方言)으로 제작되었다.

暑 · shǔ	一 日 日 旦 星 昇 暑
	暑 暑 暑

假 · jiǎ, jià	亻 亻 亻 仃 仃 作 俨 假
	假 假 假

除 · chú	了 阝 阝' 阶 阶 阶 除 除
	除 除 除

长 · 長 · cháng, zhǎng	一 亅 长 长
	长 长 长

还 · 還 · hái, huán	一 ア 才 不 不 还 还
	还 还 还

颐 · yí	一 厂 匚 匝 匝 匝 颐 颐
	颐 颐 颐

陵 · líng

烤 · kǎo

鸭 · yā

遍 · biàn

唱 · chàng

甜 · tián

부록

· 본문해석
· 연습문제 정답
· 색인 – 본문어휘 색인 / 보충어휘 색인

부록 1- 본문해석

1

❋ 홍차를 드시겠습니까, 아니면 녹차를 드시겠습니까? ❋

1▶ 왕밍: 넌 홍차를 마시고 싶니, 녹차를 마시고 싶니?
윤혜림: 아무래도 녹차를 마시는 게 낫겠다.
왕밍: 그럼 우리 룽징차를 마시자.
윤혜림: 그래. 룽징차 하나 주세요.
왕밍: 음, 정말 향기로운데!

2▶ 장란: 중국음식 어떤 것 같아?
김재욱: 맛은 있는데 기름기가 좀 많아.
장란: 넌 한국음식이 더 좋니, 아니면 중국음식이 더 좋니?
김재욱: 난 역시 한국음식 먹는 게 좋아. 난 매운 것을 먹는 걸 좋아하거든.
장란: 한국음식은 너무 매워. 난 적응이 안 되더라.

3▶ 마리리: 우리 중식을 먹을까, 양식을 먹을까?
김재욱: 중식으로 하자. 듣자하니 여기의 만두가 정말 맛있다던데.
마리리: 그럼 만두 반근을 시키자.
김재욱: 어때?
마리리: 확실히 맛있는데.
✻ ✻ ✻ ✻ ✻ ✻ ✻ ✻ ✻
김재욱: 여기 계산이요.
종업원: 다 합해서 35 위안입니다. 50 위안을 주셨으니까 15 위안을 거슬러 드리겠습니다. 또 오십시오!

2

❋ 방금 눈이 많이 와서 매우 춥습니다. ❋

1▶ 엄마: 너 일기예보 봤니?
김재욱: 봤어요.
엄마: 내일 날씨가 어떻다고 하든? 비가 올까?
김재욱: 일기예보에서 말하기로는 내일 비가 많이 올 거라던데요.
엄마: 내일 외출할 때 우산 가져가는 걸 잊지 말아라.

2▶ (엄마가 왕밍에게 전화를 한다)
엄마: 샤오밍, 요즘 베이징은 춥니?
왕밍: 조금 전에 눈이 많이 와서 꽤 추워요.
엄마: 기온은 몇 도인데?
왕밍: 영하 10℃ 전후예요.
엄마: 감기에 걸리지 않게, 외출할 때 옷을 좀 많이 입어라.
왕밍: 엄마, 걱정하지 마세요.

3▶ 베이징의 겨울은 추운 편이며 항상 눈이 옵니다. 봄은 따뜻하며 비가 자주 오고 바람이 많이 붑니다. 여름은 매우 더운데, 기온은 30℃ 이상입니다. 가을은 시원하여 가장 좋은 계절입니다.
하지만 나는 겨울과 여름을 좋아합니다. 겨울에는 스케이트를 탈 수 있고 여름에는 수영을 할 수 있습니다.

3 ✗ 왕밍이 입원했다고 합니다. ✗

1▶ 김재욱: 왕밍이 입원했다고 하던데.
장란: 왜? 병이 난거야?
김재욱: 아니, 다쳤어. 어제 기숙사로 돌아가다가 넘어졌대.
장란: 많이 다쳤어?
김재욱: 나도 몰라.
장란: 오늘 오후에 우리 왕밍을 문병 가는 게 어때?
김재욱: 안 돼. 오늘은 문병을 할 수 없대. 내일 가자.

2▶ 여동생: 오빠, 왜 그래?
김재욱: 몸이 조금 안 좋아.
여동생: 어디가 불편한데?
김재욱: 머리랑 목이 아프고 열도 조금 있어.
여동생: 감기일 거야. 병원에 가서 진찰 받아봐.

** ** ** ** ** ** **

김재욱: 간호사님, 접수하려고 하는데요.
여동생: 어느 과로 접수하실거죠?
김재욱: 내과에 접수할게요.

3▶ 의사: 어디가 불편하시죠?
이영애: 두통이 너무 심하고 열이 조금 있어요.
의사: 우선 체온을 좀 재봅시다. …… 38 도네요. 입을 벌려보세요. 아 ―. 목에 염증이 좀 있네요. 유행성 감기입니다.
이영애: 주사를 맞아야 하나요?
의사: 주사를 맞을 필요는 없습니다. 약을 조금 먹으면 좋아질 것입니다. 약을 처방해 드리지요.
이영애: 이 약은 어떻게 먹어야 하나요?
의사: 하루에 세 번, 매번 두 알씩 드십시오. 물을 많이 마시고 푹 쉬세요.

4 ✗ 나는 중국어를 배우고 있습니다. ✗

1▶ 친구: 요즘 왜 그렇게 바빠?
윤혜림: 중국어를 배우고 있어.
친구: 중국어가 어려운 것 같니?
윤혜림: 어렵기는 한데 정말 재미있어.
친구: 요즘 중국어 붐이잖아.
윤혜림: 그렇고 말고. 요즘엔 중국어를 배우는 사람이 굉장히 많아.

2▶ 장란: 지금 뭐하고 있어?
김재욱: 서예를 연습하고 있어.
장란: 보아하니 너 서예에 관심이 많은가 보구나.
김재욱: 그럼. 난 어렸을 때부터 좋아했는데, 한국에서는 쭉 배울 기회가 없었어.
장란: 너 정말 잘 쓴다.
김재욱: 무슨, 아직 멀었는걸.

3▶ 이영애: 어제 저녁에 너희 기숙사에 널 찾으러 갔었는데 없더라.
왕밍: 몇시에?
이영애: 8 시.
왕밍: 8시에 난 PC방에서 컴퓨터를 공부하고 있었어.
이영애: 많이 배웠니?
왕밍: 그저 그래. 타이핑이나 인터넷이나 모두 조금씩 할 수 있어.
이영애: 이메일은 보낼 줄 알아?
왕밍: 물론이지.

5 ✤ 정말 미안한데, 사전을 잃어버렸어요. ✤

1▶ 장 선생님: 어제 숙제는 다 했나요?
김재욱: 선생님 죄송합니다. 저희들 모두 다 못했습니다.
장 선생님: 어떻게 된 거죠? 나는 지금까지 숙제를 많이 낸 적이 없는데요.
김재욱: 어제 저녁에 저희가 한나에게 생일 파티를 해 주었는데요. 12 시까지 계속 놀다가……。
장 선생님: 기억하세요. 앞으로는 이렇게 하면 안 됩니다.
김재욱: 알겠습니다, 선생님.

2▶ 윤혜림: 너 왜 또 늦었니?
왕밍: 정말 미안해. 시간을 잘못 봤어.
윤혜림: 핑계대지 마.
왕밍: 정말이야. 7시 반을 6시 반으로 봤다고.
윤혜림: 넌 말야, 항상 그렇게 흐리멍텅하더라.
왕밍: 앞으로는 안 그럴게.

3▶ 이영애: 너 내 사전은 다 썼니?
왕밍: 정말 미안한데, 사전을 잃어버렸어.
이영애: 왜 잃어버렸는데?
왕밍: 책상 위에 올려놨는데 안 보이더라고.
이영애: 잘 찾아봐.
왕밍: 아침 내내 찾아봤는데 못 찾았어.
이영애: 넌 정말 늘 잃어버리는구나.

6 ✤ 우리 빨리 들어갑시다. ✤

1▶ 김재욱: 내일 시간 있니?
장란: 말해봐. 무슨 일인데?
김재욱: 영화를 보여주려고.
장란: 무슨 영화인데?
김재욱: 곽재용 감독이 만들고 전지현이랑 차태현이 주연한 《엽기적인 그녀》야.
장란: 좋아! 혜림이도 같이 보러 가자.
김재욱: 너 몰랐어? 걔네 어머님이 편찮으셔서 혜림이는 그저께 한국으로 돌아갔어.

2▶ 김재욱: 미안해. 늦었어.
장란: 왜 이제야 왔어? 한참을 기다렸잖아.
김재욱: 5 시에 집에서 나왔는데, 차가 너무 심하게 막혔어.
장란: 난 또 네가 잊어버렸는 줄 알았어.
김재욱: 그럴 리가 있니? 약속한 건데.
장란: 우리 빨리 들어가자. 영화가 이미 시작했어.

3▶ 이대리: 박대리, 오늘 식사대접을 하고 싶은데요.
박대리: 어쩌나, 오늘 저녁에 이미 약속이 있는데요.
이대리: 내일 저녁은 어때요?
박대리: 내일은 제가 베이징으로 출장을 가요. 정말 미안해요.
이대리: 그럼 돌아오는 날 환영회를 열어줄게요.
박대리: 괜히 돈 쓰시게 하네요. 미리 고맙다는 인사부터 할게요.
이대리: 왜 예의를 차리고 그러세요.

7
✱ 당신은 어떤 취미를 갖고 있습니까? ✱

1▸ 왕밍: 듣자하니 중국그림에 관심이 많다면서?
이영애: 응. 이건 내가 최근에 그린 그림이야.
왕밍: 정말 잘 그렸다. 중국그림 말고 또 어떤 취미가 있는데?
이영애: 나는 또 노래하는 거나 음악을 듣는 것 등을 좋아해.
왕밍: 네 취미가 그렇게 다양한지 몰랐어.

2▸ 윤혜림: 어떻게 된 거야? 네 룸메이트는 또 축구를 하러 갔니?
데이빗: 그러게 말이야. 수업만 끝나면 운동장으로 가버리네.
윤혜림: 걔는 축구 외에 또 어떤 구기종목을 할 수 있대?
데이빗: 탁구 외에는 어떤 종목이든 잘 해.
윤혜림: 넌 구기종목에 관심이 없니?
데이빗: 별로 관심 없어. 난 음악팬이거든.

3▸ 왕밍: 넌 어떤 취미들을 갖고 있니?
윤혜림: 노래나 음악감상, 축구 등을 다 좋아해. 하지만 내가 제일 좋아하는 건 바둑이야.
왕밍: 요즈음 나도 바둑에 푹 빠져서 바둑만 보면 손이 근질근질 해.
윤혜림: 그럼 우리 지금 한 판 두자.
왕밍: 좋아. 진 사람이 한턱 내기다.
윤혜림: 아마도 결국 한턱 내는 사람은 네가 될 거야.

8
✱ 당신은 베이징에 가본 적이 있습니까? ✱

1▸ 마리리: 넌 베이징에 가본 적이 있니?
김재욱: 가봤어.
마리리: 언제 가봤는데?
김재욱: 작년 여름 방학에 가봤어.
마리리: 누구랑 같이 갔었어?
김재욱: 회사 동료랑 같이 갔었어.
마리리: 어디어디에 가봤는데?
김재욱: 만리장성이랑 자금성 외에 이화원하고 십삼릉에 갔었어.

2▸ 왕밍: 넌 베이징 오리구이 먹어봤니?
이영애: 두 번 먹어봤어.
왕밍: 어디에서 먹었었는데?
이영애: 한 번은 한국에서 먹었고, 또 한 번은 베이징에 있는 '취엔쮜더'에서 먹었어.
왕밍: 베이징의 '취엔쮜더'는 정통 오리구이 집이지.
이영애: 응. 맛이 정말 괜찮던걸.

3▸ 데이빗: 넌 중국노래를 배워본 적이 있니?
윤혜림: 몇 곡 배워봤어.
데이빗: 난 중국에 온 지 거의 1년이 되어가는데, 아직까지 한 번도 중국노래를 배워본 적이 없어.
윤혜림: 내가 너에게 《첨밀밀》을 가르쳐주면 어떨까? 중국사람들은 대부분 이 노래를 부를 수 있어.
데이빗: 배우기 쉬워?
윤혜림: 두세 번 가르쳐주면 부를 수 있게 될 거야.

부록2- 연습문제 정답

1

Step 2 어법 포인트...

1▶ (1) 还是你去吧
　 (2) 还是买裙子好
　 (3) 还是吃汉堡包吧
　 (4) 还是去长城吧

2▶ (1) ⓑ　(2) ⓔ　(3) ⓒ
　 (4) ⓓ　(5) ⓐ

Step 6 중국어 실력...

1▶ (1) ⓓ　(2) ⓐ　(3) ⓑ　(4) ⓒ

녹음대본
(1) A : 你想喝茶还是喝咖啡？
　　 B : 还是喝茶吧，咖啡有点儿苦。
　　 A : 行，服务员，来一壶龙井。

(2) A : 服务员，买单。
　　 B : 一共十块三。
　　 A : 给你钱。
　　 B : 你没有零钱吗？
　　 A : 没有。
　　 B : 这是一百块，找你八十七。欢迎再来!

(3) A : 你们觉得韩国菜怎么样？
　　 B : 味道不错，就是有点儿辣，不太习惯。
　　 C : 我喜欢吃辣的，喜欢韩国菜。

(4) A : 我们吃中餐还是西餐？
　　 B : 中餐吧。听说这儿的拉面很好吃。
　　 A : 那就来两碗拉面。
　　 B : 怎么样？
　　 A : 的确不错。

2▶ (1) 就是zh, ch, sh, r的发音有点儿难
　 (2) 就是价钱有点儿贵
　 (2) 就是有点儿油腻

발음클리닉 녹음대본
瓜棚挂瓜，瓜挂瓜棚。
风刮瓜，瓜碰棚，
风刮棚，棚碰瓜。

2

Step 2 어법 포인트...

1▶ (1) 他不会说英语
　 (2) 不会来了
　 (3) 今天会下雨吗
　 (4) 她会游泳

2▶ (1) 下了一场大雨
　 (2) 点了四个中国菜
　 (3) 买了很多水果
　 (4) 我去商店买了两个礼物

Step 5 중국어 실력...

1▶ (1) ⓐ　(2) ⓒ　(3) ⓒ　(4) ⓑ

122

녹음대본

(1) A：你最喜欢什么季节？
　　B：春天。天气暖和了，可以出去玩儿。

(2) A：你看天气预报了吗？
　　B：看了。
　　A：明天天气怎么样？
　　B：天气预报说有台风。

(3) A：小明，最近北京热不热？
　　B：这几天没有下雨、刮风，热极了。

(4) A：你看天气预报了吗？气温是多少度？
　　B：今天挺冷的。最高气温零下十四度，最低气温零下三十度。
　　A：出门时多穿点儿衣服，别感冒了。

2▸ (1) 不过颜色太深
　　(2) 很好吃，不过有点儿油腻
　　(3) 夏天很热，不过可以去游泳
　　(4) 冬天天气很冷，不过可以滑冰

3▸ (1) 会／能
　　(2) 可以
　　(3) 能
　　(4) 要
　　(5) 可以
　　(6) 会／能
　　(7) 要

4▸ (1) 今天天气很好，不会下雨
　　(2) 这儿的天气非常冷，我不太习惯
　　(3) 气温二十八度／气温十七度
　　(4) 我喜欢春天，春天很暖和，可以去公园玩儿／我喜欢冬天，冬天比较冷，不过可以滑雪

발음클리닉 녹음대본

青铜亭，青铜亭，亭亭玉立在青松岭。
飞来一群大蜻蜓，轻轻落在青铜亭。

3

Step 2　어법 포인트...

他篮球打得很好。／他篮球打得好不好？／他游泳游得很好。／他游泳游得不好。／他穿得不少。／他穿得少不少？／她唱歌唱得很好。／她唱歌唱得好不好？

Step 5　중국어 실력...

1▸ (1) ⓑ　　(2) ⓒ　　(3) ⓐ　　(4) ⓓ

녹음대본

(1) A：护士，挂个号。
　　B：挂什么科？
　　A：挂内科。
　　B：请交十元挂号费。

(2) A：你怎么了？
　　B：我有点儿不舒服。
　　A：哪儿不舒服？
　　B：我牙疼得真厉害！

(3) A：大夫，我头疼得厉害，有点儿发烧。
　　B：先量一下儿体温吧。……38度。张开嘴，啊——。嗓子有点儿发炎，是流感。
　　A：严重吗？
　　B：不严重，我给你开点儿药吧。

(4) A：小李今天没有上班。
　　B：怎么了？病了吗？

123

A：不是，他受伤了。早上上班时他摔倒了。
　　B：伤得重吗？
　　A：我也不知道。听说他住院了。

2▸ 我头疼得厉害，嗓子也有点儿疼 / 发烧吗（严重吗）/ 要打针吗 / 好好儿休息就好了 / 这药怎么吃 / 一次三片

3▸ (1) 睡得很早 / 睡得很晚
　(2) 吃得很饱 / 吃得不饱
　(3) 写字写得很好 / 写字写得不好
　(4) 考试考得很好 / 考试考得不好
　(5) 看书看得很多 / 看书看得不多 or 看书看得很少

발음클리닉 녹음대본
凉勺舀热油，热勺舀凉油。
凉勺舀了热油舀凉油，
热勺舀了凉油舀热油。

(3) 我会说英语、汉语、日语什么的，都说得马马虎虎。
(4) 泡菜、烤肉什么的都很好吃。

Step 5 중국어 실력...

1▸ (1) ⓐ　　(2) ⓑ　　(3) ⓓ　　(4) ⓒ

녹음대본

(1) A：最近忙什么？
　　B：我正在学习滑冰。
　　A：你觉得滑冰难不难？
　　B：很难，但是很有意思。我从小就对滑冰很感兴趣。

(2) A：最近忙什么？
　　B：我正在学习日语。
　　A：学得怎么样了？
　　B：马马虎虎，说、听、读、写什么的都会一点儿。

(3) A：喂，是张兰吗？
　　B：你是……。
　　A：我是王明。你在干什么呢？
　　B：练画画儿呢。
　　A：看来你对画画儿很感兴趣。
　　B：可不是！画画儿虽然不容易，但是很有意思吧。

(4) A：你在干什么呢？
　　B：练书法呢。
　　A：学了几年？
　　B：学了三年。
　　A：你写得不错啊。
　　B：哪里，还差得远呢。

Step 3 어법 포인트...

1▸ (1) 正在睡觉呢
　(2) 正打篮球呢
　(3) 在旅行呢
　(4) 正下雪呢

2▸ (1) 但是看球赛的人很多
　(2) 但是考试考得不好
　(3) 韩国菜很辣
　(4) 虽然他长得很帅

3▸ (1) 我买了笔、本子、橡皮什么的。
　(2) 我喜欢篮球、足球、乒乓球什么的。

2▸ 我正在玩电脑呢 / 现在是电脑热 / 可不是 / 打字、上网什么的都会一点儿 / 没

问题

3 ▸ (1) 可不是，已经十点了，他才起床
　　(2) 可不是，他能看中文报
　　(3) 可不是，现在外面气温三十六度
　　(4) 可不是，这次考试我才得了20分

발음클리닉 녹음대본
烂鼓补破布，破布补烂鼓。
烂鼓破布补不住，破布烂鼓不能补。

5 _____

Step 2 어법 포인트 …

1 ▸ (1) 错　(2) 晚　(3) 好　(4) 对
　　(5) 好　(6) 好　(7) 懂

2 ▸ (1) 他母亲住院了
　　(2) 昨天晚上他玩到两点
　　(3) 所以她买了两个礼物
　　(4) 他感冒了

Step 5 중국어 실력 …

1 ▸ (1) ⓒ　(2) ⓓ　(3) ⓐ　(4) ⓑ

녹음대본
(1) A : 你怎么又来晚了？
　　B : 实在抱歉，我坐错车了。
　　A : 别找借口了。你呀，从来都马马虎虎的。

(2) A : 昨天的作业做好了吗？
　　B : 对不起老师，我没做完。
　　A : 怎么回事？
　　B : 这几天我有点儿感冒了。昨天我头疼得厉害，所以吃了药以后一直睡觉了。

(3) A : 我的自行车你用完了吗？
　　B : 真抱歉，自行车弄丢了。
　　A : 咦？糟糕！怎么回事？

(4) A : 我的词典你用完了吗？
　　B : 实在对不起，词典弄丢了。
　　A : 怎么丢的？
　　B : 放在桌子上就不见了。我找了一个早上也没找着。
　　A : 你呀，总是丢三落四的。

2 ▸ (1) 都做好了／没做完／怎么回事
　　(2) 实在抱歉／找借口／看成六点半／马马虎虎

3 ▸ (1) ① 我已经买好礼物了
　　　② 说好了我明天不能上课
　　　③ 请关好门

　　(2) ① 妈妈已经睡着了
　　　② 终于借着了
　　　③ 没有找着

　　(3) ① 记住
　　　② 车都停住了
　　　③ 你站住

　　(4) ① 房间打扫干净了
　　　② 我没听懂
　　　③ 因为还没做完作业

발음클리닉 녹음대본
小徐钓鱼钓不起大鱼，
鱼杆怨鱼钩太直不够曲，
鱼钩怨鱼杆太曲不够直，
也不知是杆曲钩直，还是杆直钩曲？

6

Step 2 어법 포인트...

2▶ (1) 就 / 才　　(2) 就 / 才
　　 (3) 才　　　　(4) 就
　　 (5) 才

3▶ (1) 进屋来　　(2) 出去
　　 (3) 回家去　　(4) 下楼来
　　 (5) 过来

Step 5 중국어 실력...

1▶ (1) ⓒ　(2) ⓐ　(3) ⓑ　(4) ⓓ

녹음대본

(1) A: 朴主任, 明天我想请你吃顿饭。
　　B: 真不巧, 明天我去北京出差, 实在抱歉。
　　A: 那等你回来我给你接风。
　　B: 让你破费了, 我先谢谢你。
　　A: 别客气。

(2) A: 今天晚上你有空儿吗？
　　B: 什么事儿？
　　A: 我请你看电影。
　　B: 什么电影？
　　A: 郭在容导演, 全智贤、车太贤主演的《我的野蛮女友》。
　　B: 太好了。几点开演的？
　　A: 七点半的。
　　B: 那我们七点在电影院门口见。

(3) A: 你怎么又来晚了？我等了你半天了。
　　B: 真抱歉, 路上车堵得厉害。
　　A: 咱们快进去吧, 电影已经开演了。

　　B: 进去吧。

(4) A: 在旭呢？
　　B: 他出去了。可能一会儿就回来。
　　A: 他到哪儿去了？
　　B: 去书店了。你进来等他吧。
　　A: 谢谢！

2▶ (1) 怎么才来 / 就出来了 / 车堵得厉害 / 以为你忘了呢 / 快进去
　　 (2) 去北京出差 / 给你接风 / 让你破费了 / 客气什么

3▶ (1) 出去 / 进来
　　 (2) 进去 / 出来
　　 (3) 下来 / 上去
　　 (4) 上来 / 下去
　　 (5) 回去 / 回来
　　 (6) 过来 / 过去

4▶ (1) 星期天你有空儿吗？
　　 (2) 我想请你吃顿晚饭。
　　 (3) 明天我已经有约会了。
　　 (4) 我说了半天, 他才听懂。
　　 (5) 别找借口了。
　　 (6) 我以为你不回来了。

발음클리닉 녹음대본

细丝四尺四, 粗丝十四尺,
四尺四的细丝, 要换十四尺的粗丝,
十四尺的粗丝, 要换四尺四的细丝。

7

Step 2 어법 포인트...

1▶ (1) 桌子上除了词典、铅笔以外, 还有一张照片。
(2) 昨天晚上他除了拉面、泡菜以外，还吃了一点儿水果。
(3) 今天除了丽丽以外，别的同学都上课了。
(4) 他们班除了金在旭以外，别的同学都不喜欢下围棋。

2 ▶ (1) 就去图书馆学习
(2) 就看电视
(3) 他一喝酒
(4) 就忘了吃饭

Step 5 중국어 실력 …

1 ▶ (1) ⓒ　　(2) ⓑ　　(3) ⓐ

녹음대본

(1) A : 除了爬山、游泳以外，我还喜欢打高尔夫球。

(2) A : 听说你对中国画很感兴趣。
B : 是啊。这是我最近画的一幅画。
A : 真不错。除了中国画以外，你还有什么爱好？
B : 我还喜欢游泳、踢球什么的。

(3) A : 你对滑冰感不感兴趣？
B : 不太感兴趣，我是个影迷。

2 ▶ (1) 是啊 / 你还有什么爱好 / ……什么的
(2) 我喜欢……（'踢球' 포함）/ 一有时间就去看球赛

3 ▶ (1) 天阴了，恐怕要下雨。
(2) 我一喝咖啡就不能睡觉。
(3) 除了乒乓球以外，你还喜欢什么球？

(4) 汉语这么难。
(5) 不太感兴趣，我是个球迷。
(6) 除了惠林以外，别的学生都没来。

발음클리닉 녹음대본

红马驮着小白娃，白马驮着小红娃，
红娃骑着白马催红马，白娃骑着红马追白马，
两匹马儿追着跑，两个娃娃乐哈哈。

8

Step 2 어법 포인트 …

1 ▶ (1) 我没有见过。
(2) 你听过这首歌吗？
(3) 你吃过中国菜吗？
(4) 我没有学过。

2 ▶ (1) 次　(2) 遍　(3) 遍　(4) 次
(5) 次

Step 5 중국어 실력 …

1 ▶ (1) ⓒ　　(2) ⓑ　　(3) ⓐ　　(4) ⓓ

녹음대본

(1) A : 你吃过北京烤鸭吗？
B : 吃过一次。
A : 什么时候吃的？
B : 去年去北京的时候吃的。

(2) A : 你看没看过中国电影？
A : 看过好几次，你呢？
B : 我还从来没看过呢。

(3) A : 你去过北京吗？

B：去过。

A：你是什么时候去的？

B：我是去年冬天去的。

A：是跟谁一起去的？

B：跟我女朋友一起去的。

A：你们都去过哪些地方？

B：除了长城、故宫外，还去过颐和园、天坛公园什么的。

(4) A：这是什么歌呢？真好听！

B：这是《甜蜜蜜》。

A：你会唱吗？

B：中国人差不多都会唱，但是我不会唱。

A：我来中国快一年了，还从来没学过中国歌呢。

B：那我们请张兰教我们唱，怎么样？

A：好啊！

2 (1) 这本书我看过两遍。

(2) 我还从来没学过电脑呢。

(3) 这个菜味道真地道。

(4) 我来中国快两年了，还从来没去过长城呢。

발음클리닉 녹음대본

男演员穿蓝制服，女演员穿棉制服，
蓝制服是棉制服，棉制服是蓝制服。
男演员穿蓝棉制服，
女演员穿棉蓝制服。

부록 3- 본문 단어 색인

단어	한어병음	과

A

阿姨	āyí	6
爱好	àihào	7

B

半天	bàntiān	6
抱歉	bàoqiàn	5
北京	Běijīng	2
比较	bǐjiào	2
遍	biàn	8
便饭	biànfàn	6
别	bié	2
病	bìng	3
不过	búguò	2

C

菜	cài	1
差	chà	4
差不多	chàbuduō	8
长城	Chángchéng	8
常	cháng	2
场	chǎng	2
唱	chàng	7
车太贤	Chē Tàixián	6
成	chéng	5
出	chū	2
出差	chūchāi	6
除了……以外	chúle……yǐwài	7
春天	chūntiān	2
词典	cídiǎn	5
次	cì	3
从	cóng	4
从来	cónglái	5
错	cuò	5

D

打	dǎ	4, 7
打针	dǎzhēn	3
带	dài	2
但是	dànshì	4
导演	dǎoyǎn	6
得	de	3
地道	dìdao	8
电脑	diànnǎo	4
电影	diànyǐng	6
电子邮件	diànzǐyóujiàn	4
的确	díquè	1
丢	diū	5
丢三落四	diū sān là sì	5
冬天	dōngtiān	2
堵	dǔ	6
度	dù	2
对	duì	4
顿	dùn	6

F

发	fā	4
发烧	fāshāo	3
发炎	fā yán	3
放心	fàngxīn	2
非常	fēicháng	4
风	fēng	2
幅	fú	7
服务员	fúwùyuán	1

G

感	gǎn	4
感冒	gǎnmào	2
干	gàn	4
刚	gāng	2
歌	gē	7
跟	gēn	8
更	gèng	7
挂号	guàhào	3
广泛	guǎngfàn	7
郭在容	Guō Zàiróng	6
过	guo	8

H

红茶	hóngchá	1
壶	hú	1
护士	hùshi	3
滑冰	huábīng	2
画	huà	7
欢迎	huānyíng	1
回	huí	5
会	huì	2

J

机会	jīhuì	4
记	jì	5
季节	jìjié	2
饺子	jiǎozi	1
教	jiào	8
接风	jiēfēng	6
借口	jièkǒu	5
进	jìn	6
就是	jiùshì	1
觉得	juéde	1

K

开演	kāiyǎn	6
开药	kāiyào	3
看病人	kàn bìngrén	3
看来	kànlái	4
烤鸭	kǎoyā	8
可能	kěnéng	3
客气	kèqi	6
恐怕	kǒngpà	7

L

冷	lěng	2
厉害	lìhai	3
练	liàn	4
量	liáng	3
凉快	liángkuai	2
零下	língxià	2
流感	liúgǎn	3
龙井	lóngjǐng	1
绿茶	lǜchá	1

M

马马虎虎	mǎmahūhū	4
买单	mǎidān	1
没问题	méi wèntí	4
门	mén	2
迷	mí	7

N

难	nán	4
内科	nèikē	3
嗯	ǹg	1
弄	nòng	5
暖和	nuǎnhuo	2

P

盘	pán	7
片	piàn	3
乒乓球	pīngpāngqiú	7
破费	pòfèi	6

Q

气温	qìwēn	2
巧	qiǎo	6
请	qǐng	6
秋天	qiūtiān	2
球	qiú	7
全聚德	Quánjùdé	8
全智贤	Quán Zhìxián	6

R

让	ràng	6
热	rè	2, 4

S

嗓子	sǎngzi	3
伤	shāng	3
上网	shàngwǎng	4
时	shí	2
十三陵	Shísānlíng	8
实在	shízài	5
首	shǒu	8
手痒	shǒuyǎng	7
受伤	shòushāng	3
输	shū	7
书法	shūfǎ	4
舒服	shūfu	3
暑假	shǔjià	8
摔倒	shuāidǎo	3
水	shuǐ	3

T

疼	téng	3
踢	tī	7
体温	tǐwēn	3
天	tiān	3
天气	tiānqì	2
天气预报	tiānqì yùbào	2
《甜蜜蜜》	《Tiánmìmì》	8
听	tīng	7
听说	tīngshuō	1
同事	tóngshì	8

同屋	tóngwū	7
头	tóu	3

W

完	wán	5
玩	wán	5
晚上	wǎnshang	6
忘	wàng	2
围棋	wéiqí	7
味道	wèidao	1
《我的野蛮女友》 《Wǒ de yěmán nǚyǒu》		6

X

西餐	xīcān	1
习惯	xíguàn	1
下	xià	2, 7
下不为例	xià bù wéi lì	5
下课	xiàkè	7
夏天	xiàtiān	2
想	xiǎng	1
些	xiē	7
兴趣	xìngqù	4
学	xué	4
雪	xuě	2

Y

呀	ya	5
药	yào	3
衣服	yīfu	2
医院	yīyuàn	3
颐和园	Yíhéyuán	8
以后	yǐhòu	5
以上	yǐshàng	2
以为	yǐwéi	6
一起	yìqǐ	8
一直	yìzhí	4
因为……所以…… yīnwèi……suǒyǐ……		5
音乐	yīnyuè	7
油	yóu	1
游泳	yóuyǒng	2
有意思	yǒu yìsi	4
雨	yǔ	2
雨伞	yǔsǎn	2
约会	yuēhuì	6
运动场	yùndòngchǎng	7

Z

咱们	zánmen	6
张开	zhāngkāi	3
着	zháo	5
这么	zhème	7
正在	zhèngzài	4
正宗	zhèngzōng	8
中餐	zhōngcān	1
重	zhòng	3
主任	zhǔrèn	6
主演	zhǔyǎn	6
住	zhù	5
住院	zhùyuàn	3
桌子	zhuōzi	5
字	zì	4
总是	zǒngshì	5
足球	zúqiú	7
嘴	zuǐ	3
最后	zuìhòu	7
左右	zuǒyòu	2
作业	zuòyè	5

부록 4- 보충어휘 색인

단어	한어병음	페이지

A

| 癌症 | áizhèng | 40 |

B

半天	bàntiān	70
棒球	bàngqiú	55
饱	bǎo	42
杯	bēi	15
本子	běnzi	53
鼻子	bízi	40
笔	bǐ	53
比	bǐ	28
毕业	bìyè	108
不得了	bùdéliǎo	41
不好意思	bùhǎoyìsi	81

C

参加	cānjiā	110
唱	chàng	39
唱片	chàngpiàn	97
城山日出峰	Chéngshān Rìchūfēng	113
磁带	cídài	81
聪明	cōngming	52

D

打	dǎ	39
打扫	dǎsǎo	70
得	dé	57
……得很	……de hěn	41
第	dì	68
电话号码	diànhuà hàomǎ	65
钓鱼	diàoyú	95
订	dìng	66
东方明珠	Dōngfāngmíngzhū	113
东京	Dōngjīng	16
懂	dǒng	65
肚子	dùzi	40

E

| 耳朵 | ěrduo | 40 |

F

翻译	fānyì	66
非典	fēidiǎn	40
分	fēn	57
风景	fēngjǐng	14
风沙	fēngshā	28

| 133

G

高尔夫球	gāo'ěrfūqiú	95
歌儿	gēr	14
各	gè	41
刮	guā	27
关门	guānmén	31

H

汉堡包	hànbǎobāo	14
汉拿山	Hànná Shān	113
红灯	hóngdēng	70
红烧肉	hóngshāoròu	112
花茶	huāchá	15
滑轮滑	huá lúnhuá	95
滑雪	huáxuě	31
画	huà	55
画儿	huàr	55
回答	huídá	81
火锅	huǒguō	112

J

级	jí	28
寄	jì	65
济洲道	Jìzhōudào	108
讲	jiǎng	66
降温	jiàng wēn	27
脚	jiǎo	40

K

咖啡	kāfēi	15
开车	kāichē	31
开学	kāixué	79
烤肉	kǎoròu	53
课	kè	68
课文	kèwén	68

L

拉肚子	lādùzi	40
篮球	lánqiú	39
礼物	lǐwù	26
脸	liǎn	94
流鼻涕	liú bítì	40
楼	lóu	80
楼上	lóushàng	80
楼下	lóuxià	82
录音	lùyīn	108
洛阳	Luòyáng	112
旅行	lǚxíng	51

M

马上	mǎshàng	80

N

努力	nǔlì	52

P

爬山	páshān	95
跑	pǎo	39
泡菜	pàocài	15
篇	piān	66

票	piào	66
乒乓球	pīngpāngqiú	53

Q

清楚	qīngchu	108
晴	qíng	27

S

沙尘暴	shāchénbào	27
参鸡汤	shēnjītāng	112
生病	shēngbìng	67
生气	shēngqì	81
升温	shēng wēn	27
十字绣	shízixiù	95
首	shǒu	14
手	shǒu	40
帅	shuài	52

T

台风	táifēng	27
台球	táiqiú	95
弹钢琴	tán gāngqín	95
躺	tǎng	97
踢	tī	39
《甜蜜蜜》	《Tiánmìmì》	84
腿	tuǐ	40

W

外面	wàimiàn	67
外滩	Wàitān	113
网球	wǎngqiú	95
胃	wèi	40
问题	wèntí	81
卧虎藏龙	Wò Hú Cáng Lóng	112
屋	wū	80

X

下棋	xià qí	95
橡皮	xiàngpí	53
小声儿	xiǎoshēngr	70
小时	xiǎoshí	79
小说	xiǎoshuō	66
心脏	xīnzàng	40
心脏病	xīnzàngbìng	40

Y

牙	yá	40
阴	yīn	27
眼(睛)	yǎn(jing)	40
养病	yǎngbìng	41
养花	yǎng huā	95
腰	yāo	40
一定	yídìng	65
英雄	Yīngxióng	112
油腻	yóunì	16
豫园	Yùyuán	113
约	yuē	66
云	yún	27

Z

站	zhàn	70
长	zhǎng	52

正房瀑布	Zhèngfáng Pùbù	113
只有	zhǐyǒu	93
中文报	zhōngwénbào	57
中文观光区	Zhōngwén Guānguāngqū	113
转	zhuǎn	27
准备	zhǔnbèi	66
字典	zìdiǎn	70
足球	zúqiú	39

초급~중급 다락원 중한대역문고

중국인의 사상과 문화를 중한대역으로 배운다

- 다락원 중한대역문고 초급 ①, ②, ③, ④, ⑤, ⑥, ⑦, ⑧, ⑨, ⑩ 중급 ①, ②, ③, ④, ⑤, ⑥, ⑦, ⑧, ⑨, ⑩
- 한국중국현대문학학회와 다락원의 공동 기획
- 중국 교과서에 실린 글과 쉽게 접할 수 없는 주옥 같은 문학 작품을 엄선하여 해설과 함께 수록

한국중국현대문학학회 기획 | 초 144면 내외 중 176면 내외 |
초 각 권 7,500원 중 각 권 9,500원

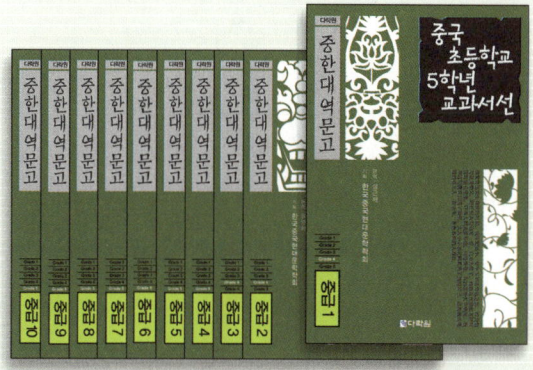

초급
① 중국 초등학교 1학년 교과서선 Grade 1 이주노 역
② 중국 초등학교 2학년 교과서선 Grade 1 신정호 역
③ 중국 초등학교 3학년 교과서선 Grade 2 김의진 역
④ 중국 초등학교 4학년 교과서선 Grade 2 박정원 역
⑤ 마음이 따뜻해지는 이야기선 Grade 3 장동천 역
⑥ 지식과 교훈이 있는 이야기선 Grade 3 주재희 역
⑦ 중국 얼거(儿歌)선 Grade 1 임대근 역
⑧ 중국 우화선 Grade 2 박재우 역
⑨ 중국 역사 인물선 Grade 2 김경석 역
⑩ 외국 동화선 Grade 3 변경숙 역

중급
① 중국 초등학교 5학년 교과서선 Grade 4 성근제 역
② 중국 초등학교 6학년 교과서선 Grade 4 유영하 역
③ 중국 현대(現代) 동화선 Grade 4 김양수 역
④ 중국 현·당대(現·当代) 수필선 Grade 5 김시준 역
⑤ 아Q정전(啊Q正传) Grade 5 박운석 역
⑥ 빙신(冰心) 소설선 Grade 5 심혜영 역
⑦ 바진(巴金) 소설선 Grade 5 박난영 역
⑧ 소피 여사의 일기 Grade 5 김순진 역
⑨ 중국 미형(微型) 소설선 Grade 5 김태만 역
⑩ 중국 당대(当代) 소설선 Grade 5 장윤석 역

입문~초급 | 최신개정

301句로 끝내는 중국어회화

301개 필수 문장으로 중국어 마스터

- 301句로 끝내는 중국어회화 상, 하, 합본
- 원제: 汉语会话301句
- 북경어언대학 교수진 집필,
  중국어 교재 분야 베스트셀러이자 스테디셀러
- 시대흐름을 반영하여 내용을 수정·보강한 최신 개정판
- 간체자쓰기 노트와 받아쓰기 노트로 쓰기 연습 완성(상·하)
- 301句 미니북으로 의사소통표현 완성

 康玉华, 来思平 저 | 최용철 역 | 교재 276면 내외, 쓰기 노트 64면, 미니북 82면 내외 | 각 권 18,000원

 康玉华, 来思平 저 | 최용철 역 | 교재 536면, 미니북 124면 | 27,000원

MP3 CD | MP3 무료 | Dv Book | 유료 동영상

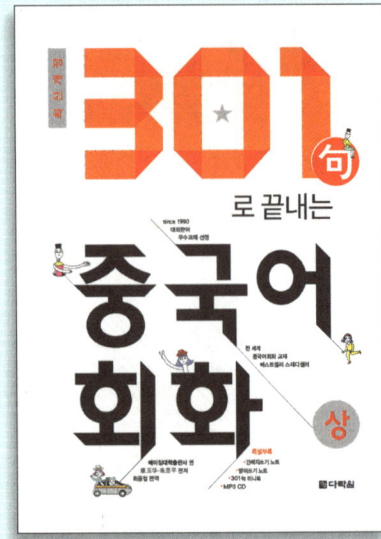 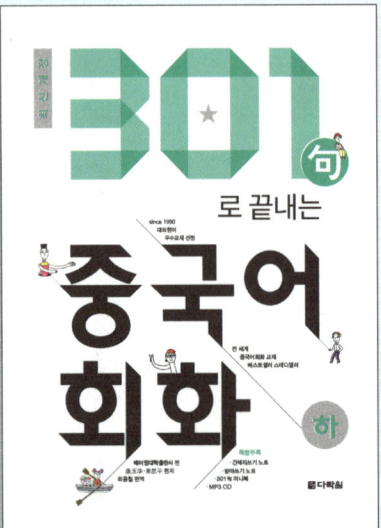

301句 시리즈

▶ 301句

▶ 단어 익히기

▶ 회화로 배우기

▶ 표현으로 확장하기

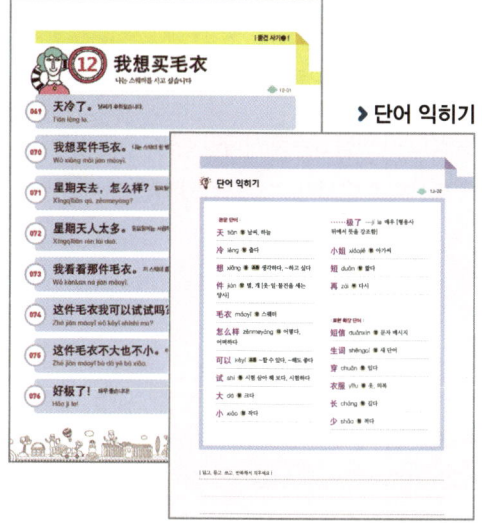

▶ 어법으로 내공쌓기

▶ 문제로 실력다지기

▶ 즐거운 문화이야기

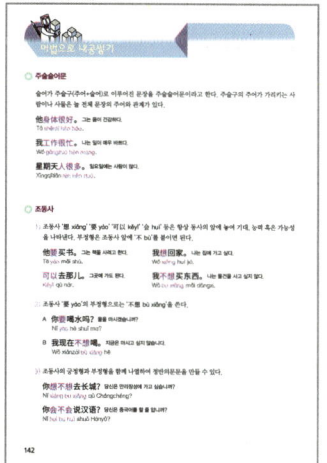
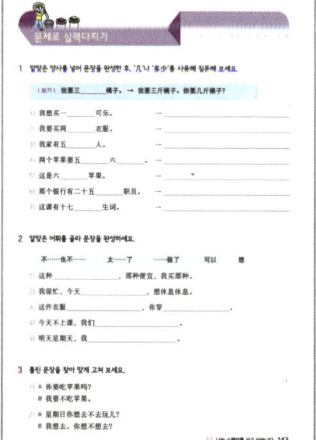

▶ 간체자쓰기 노트

▶ 받아쓰기 노트

▶ 301句 미니북

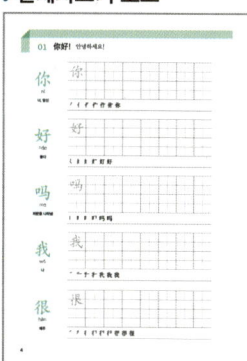

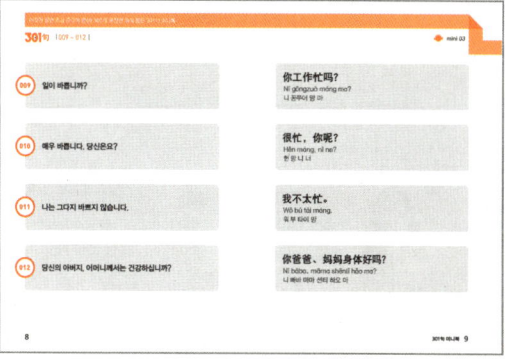

온라인과 오프라인의 결합 중국어 동영상 강의

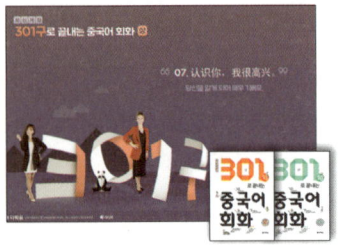

최신개정 301句로 끝내는 중국어 회화 上 / 下

강사 강새미, 权美玲, 李达 **강의 수준** 입문~초급

- '단어 → 문법 → 회화 → 확인 → 정리'로 확장되는 체계적인 학습
- 분야별 컨셉에 따라 제작된 짧은 영상으로 단시간 내 효과적인 학습

New 다락원 중국어 마스터 1 / 2 / 3 / 4 / 5

강사 기혜수, 김민주, 金明华, 崔婧花 **강의 수준** 입문~고급

- 메뉴마다 반복되는 회화문을 통해 표현과 문형을 자연스럽게 마스터
- 세 번 듣고 세 번 따라 말하는 '섀도잉 학습'으로 '발음·듣기·말하기' 능력을 동시에 제고

新신공략 중국어 기초 / 초급 / 실력향상 上·下 / 프리토킹

강사 김정은, 진윤영, 정지모, 황해금, 彭丽颖, 苏昱, 叶恩贤, 朴龙君 **강의 수준** 입문~고급

- 교재를 기반으로 한 다채로운 메뉴로 더욱 쉬워진 학습과 '발음', '회화', '문법' 등 다방면으로 이루어지는 꼼꼼한 학습
- 테스트를 통해 바로바로 실력 확인 가능

세상에서 제일 쉬운 신개념 중국어 기초 / 초급 / 중급 / 고급

강사 안태정, 权美玲 **강의 수준** 기초~고급

- 교차로 진행되는 한국인 강사의 회화 학습과 원어민 강사의 패턴 학습
- 그림을 보고 중국어로 표현하는 문장 말하기 연습을 통해 짧은 이야기 구사 가능

왕초보를 위한 속성 중국어 회화 기초 / 초급 / 초급탈출

강사 정혜란, 박수진, 김정은, 崔婧花 **강의 수준** 기초~초급

- 정해진 학습 시간에 맞춰 '복습 → 학습 → 과제'를 자기주도적으로 수행
- 한자 없이 한어병음 표기를 따라서 반복되는 말하기 연습을 통해 보다 쉬운 학습

www.darakwon.co.kr 내용 문의 (02)736-2031 내선 312~317

다락원 중국어 회화 입문 / 기초 / 초급

강사 현지인, 김윤희, 이승해, 苏묘, 稍颖 **강의 수준** 입문~초급

- 그림, 사진 등을 통한 연상 작용으로 학습 내용을 쉽게 기억
- 다양한 예문과 반복적인 연습으로 자연스럽게 실력 제고

생각대로 표현하는 新 설한어 上 / 下

강사 김선화, 유지애 **강의 수준** 중급

- Key point 표현을 위주로 진행되는 구술 연습
- 실용 회화 연습과 중국에 대한 정보 습득이 한번에 가능한 '중국통' 코너

팅리에 강해지는 청화설 上 / 下

강사 최윤정, 庞亚妮 **강의 수준** 중급~고급

- 듣기와 말하기를 하루씩 번갈아 훈련하여 듣기·말하기 실력을 동시에 향상

발전 한어 듣기 초급 1 / 2

강사 정명숙 **강의 수준** 입문~초급

- '발음 → 단어 → 구 → 문장 → 회화문'으로 이어지는 확장적인 듣기 훈련
- 흥미를 유발하는 '성모, 운모, 성조 관련 퀴즈', '문장 찾기 퀴즈' 등 다채로운 구성

발전 한어 말하기 초급 1 / 2

강사 이승해, 崔婧花, 張玉安 **강의 수준** 초급

- 영상 중심의 강좌로 인터넷뿐만 아니라 모바일에서의 학습 효과도 상승

초급자를 위한 강추! 드라마 중국어 - 음식남녀

강사 김선화 **강의 수준** 초급

- 학습을 위해 정형화된 표현이 아닌 현지에서 사용하는 생생한 중국어 강의
- 드라마 스토리에 따라 필수적으로 배워야 하는 문장, 어휘, 표현들을 흥미롭게 학습

애니타임 여행중국어

강사 김윤희, 佟鑫 **강의 수준** 입문~초급

- 여행시 꼭 필요한 표현들만 엄선, 한국어 독음만으로 학습 가능
- '이 표현만은 꼭', '표현 따라잡기' 메뉴를 직접 녹음해보며 회화 실력 제고

新HSK 한권으로 끝내기 3 / 4 / 5 / 6급

강사 남미숙, 이선민, 박수진 이효연, 마琳 **강의 수준** 초급~고급

- 실제 시험 시간과 동일한 조건에서 풀어보는 시험을 통해 실전 감각 키우기
- 기본적이고 핵심적인 어법과 각종 필수 어휘 및 표현을 반복 학습함으로써 튼튼하게 기본기 다지기

新HSK 1~4급 VOCA 礼物

강사 리우 **강의 수준** 초급

- 핵심 부수 48개 학습 후, 기초 글자부터 핵심 글자, 파생 단어까지 학습하며 자연스럽게 어휘력 상승
- 新HSK 듣기·독해·쓰기 영역별 시험 문제를 통해 어휘력을 점검하고 시험 적응력도 체득

다락원 TSC 4급 마스터

강사 송다영 **강의 수준** 초급

- '테스트', '강의 듣기', '답변 익히기'로 가볍게 구성하여 20일 만에 TSC 4급 공략
- 맞춤형 모범 답안 및 만능 답안 팁을 학습하여 시험 노하우 습득

www.darakwon.co.kr 내용 문의 (02)736-2031 내선 312~317

중국어의 틀을 잡아 주는, 중국어 쉬운 문법

강사 박수진　**강의 수준** 초급

- 대표 문장을 3번 듣고, 3번 따라 말하는 연습으로 체득하는 필수 문법 패턴
- 新HSK 유형 문제를 풀어보며 문법 실력 향상과 동시에 시험 완벽 대비

하루 5문장! 비즈니스 중국어 마스터 입문

강사 정혜란　**강의 수준** 입문~초급

- 인사, 근무 중 약속 잡기, 회의 진행 등 비즈니스 관련 상황에 필요한 5가지 문장을 20일 동안 마스터
- '바이어 상대하기'와 같은 시뮬레이션을 통해 복습함으로써 실제 상황 대처 능력 향상

다락원 Biz 중국어 마스터 초급 / 실전 / 현지 회화

강사 유리, 안태정, 张雪娇　**강의 수준** 초급~고급

- 중국어권 비즈니스 종사자라면 꼭 숙지해야 하는 비즈니스 표현을 중심으로 상황별 회화문 학습
- 상황별 표현들을 아주 쉽고 간단한 문장부터 100% 원어 문장까지 수준별로 학습 가능

중국인이 매일 쓰는 중국어 간체자 668

강사 홍상욱　**강의 수준** 초급

- 중국의 방송, 신문, 인터넷에서 사용빈도가 높은 한자를 학습
- '글자 → 단어 → 문장' 순서로 확장되는 연습

쉽게 이해하는 중국문화

강사 고숙희, 고진아, 이민숙, 박계화, 배정현　**강의 수준** 초급

- 꼭 알아야 하는 중국 문화의 기초 지식뿐만 아니라 중국인을 상대할 때 꼭 사용해야 하는 필수 문장까지 다룬 강좌
- 재미있는 O, X 퀴즈를 통해 중국에 관한 상식을 바로잡고 중국인들의 인터뷰를 들어봄으로써 중국 문화에 대한 중국인들의 생각 확인

다락원 중국어회화 초급편

편저 宋乐永, 刘延芳, 孙同明, 郑彬
펴낸이 정규도
펴낸곳 (주)다락원

초판 1쇄 발행 2004년 7월 10일
초판 17쇄 발행 2018년 3월 6일

책임편집 최준희, 윤혜림
디자인 정현석, 김금주

다락원 경기도 파주시 문발로 211
내용문의: (02)736-2031 내선 430~439
구입문의: (02)736-2031 내선 250~252
Fax: (02)732-2037
출판등록 1977년 9월 16일 제300-1977-23호

Copyright © 2004, 宋乐永 外

저자 및 출판사의 허락 없이 이 책의 일부 또는 전부를 무단 복제·전재·발췌할 수 없습니다. 구입 후 철회는 회사 내규에 부합하는 경우에 가능하므로 구입문의처에 문의하시기 바랍니다. 분실·파손 등에 따른 소비자 피해에 대해서는 공정거래위원회에서 고시한 소비자 분쟁 해결 기준에 따라 보상 가능합니다. 잘못된 책은 바꿔 드립니다.

값 9,500원(교재+오디오 CD 1장)

ISBN 978-89-7255-959-7 18720
ISBN 978-89-7255-376-2 (세트)

http://www.darakwon.co.kr

- 다락원 홈페이지를 방문하시면 상세한 출판정보와 함께 동영상강좌, MP3자료 등 다양한 어학 정보를 얻으실 수 있습니다.